コーヒー抽出の法則

カフェ・バッハ
田口 護 | 山田康一

はじめに

コーヒーにおいて、抽出はクライマックスである。
カップに注ぎコーヒーを味わう直前、最終的に味を決めるコントロール。
抽出はすぐに結果が出る。すぐに味わうことができる。
最も華々しく達成感が得られる、喜びの瞬間でもある。

太陽がつくった生豆をていねいにハンドピックし、焙煎し、繊細に味をつくる。
そうしてこの手に届くまでに多くの人の思いが込められた一粒一粒。
その豆の素晴らしさをどこまで引き出すことができるか。
そのチャレンジこそが抽出の腕の見せどころであり、奥深さでもある。

とりわけペーパードリップは自由度が高い。
抽出を左右する様々な要素を自在にコントロールできる可能性を秘めている。
個人の味の好みや流行への対応力を潜在的にもち合わせている。

それは、卓越した技術、熟練の技だけに頼るものではない。
焙煎度、粉のメッシュ、粉の分量、湯の温度、抽出時間、抽出量。
条件を少し変えるだけで、同じ豆から異なる味のコーヒーを生み出すことができる。
つまり、その法則を正しく理解することさえできれば、
誰もが自在に狙った味を引き出すことができるようになるのである。

狙った味を引き出すため、それらの条件を自在にコントロールするには、
それぞれを変化させることによってどのような結果になるか
その法則をしっかりと理解することが必要だ。

この本で伝えることは、すべての抽出のベースとなる技術と、
味をコントロールするための法則の基本である。
法則を理解した上で、それらをどのように組み合わせコントロールするか。
あなたのコーヒー抽出の可能性はさらに広がり、楽しみは無限になる。
これらをすべて自分のものにすることができれば、
あなただけの最高の一杯を抽出することが可能になる。

これまで、時代とともに抽出のスタイルや味の好みは変化してきた。
ネルドリップ、サイフォン、ペーパードリップ、コーヒーメーカー、エスプレッソ。
私は信念をもってペーパードリップを採用し、半世紀になる。
今、世界はようやくペーパードリップの時代になった。

今や、カフェのカウンターにドリッパーが並ぶ時代である。
エスプレッソマシンの傍らにドリッパーを備え、
好みの抽出方法を選ぶこともできる店もある。
喜ばしいことである。

私が目指すのは、
半生をかけて私が手にした技術や法則をもってあの世に行くことではない。
若く未来ある後継者たちにその法則を伝え、
より多くのお客様にコーヒーの素晴らしさを知っていただくことである。

店をもつことを目指すもよし。家庭で楽しむもよし。
豆を焙煎することはハードルが高いが、ペーパードリップは手軽に挑戦できる。
全くはじめての人でも失敗なくコーヒーを淹れることができ、
さらには同じ器具で頂点を目指すこともできる。

先日、カフェ・バッハに通い続けて30年以上のお客様が笑ってこういった。
店でコーヒーを飲み、抽出の教室に通い、焙煎豆を購入してくださる方である。
「私はバッハよりもおいしく淹れられるよ」
最高のお客様である。その言葉を心から嬉しく、噛み締めている。

この本を手に取り、コントロールの法則を身につけたあなたが
自らのコーヒーの味を極めるにとどまることなく、
コーヒーの素晴らしさを、文化として伝えてほしいと願っている。

田口 護

目次

第3章 Chapter 3 様々な器具での抽出 ——器具の特色を生かして微調整する——

序章 An Introduction

コーヒー抽出の前に

おいしいコーヒーとは何か

コーヒーを抽出するまでには数多くの工程が存在する。
適正にハンドピックされた良質な生豆を、
その個性を引き出す適度な焙煎度に焙煎し、
抽出の直前に抽出法に合わせて均一に豆を挽いてこそ
その豆のよさを最大限に生かす抽出にチャレンジすることができる。
本題の「抽出」に取り組む前に知っておくべきこと
「おいしいコーヒーとは何か」について確認する。

An Introduction

コーヒー抽出の前に知っておくべきこと

この本では抽出のコントロールに焦点を当てるが、まずは抽出に至る長い道のりを頭に入れておくことが必要である。抽出とは、それまでにそのコーヒー豆の一粒一粒に関わった人々の思いと願いを結実させる、まさに喜びの瞬間だ。フルマラソンに例えれば、ゴールの見えない場所でスタートを切り、長時間黙々と走り抜き、ようやく残り数百メートル、歓声を受けてゴールのテープを切るまでの華やかな時に相当する。

抽出とは、一粒に込められた思いを結実させる華々しい瞬間

「種子からカップまで From Seed to Cup」は、スペシャルティコーヒーの基本理念だが、一粒の種子から始まりコーヒーカップに注がれてその味わいを楽しむまで、そのすべての工程において手を抜かず最善を尽くそうというその言葉は、スペシャルティコーヒーに限らずすべてのコーヒーに共通する思いだ。

コーヒーは世界各地で産地の気候を生かして栽培されており、収穫法も産地によって異なる。手摘みでも、実を地面に落として集める方法でも、収穫した果実には未成熟果や不純物が混入する。手摘みといっても、枝をしごくようにして荒く摘んだものから、完熟果のみを厳選して手で摘むなどその特性も品質も幅広い。収穫した果実は選別機や人の手で選別しなければならない。さらに、収穫後、果実をそのまま放置すれば腐敗してしまう。果肉や不純物を取り除き、精製し、乾燥させ、ようやく貯蔵や流通が可能な生豆になる。

輸入した生豆には、まだ多くの不純物や欠点豆が混入している。焙煎前には、一見粒が揃った生豆でも、ハンドピックによりそれらをていねいに取り除く必要がある。欠点豆はコーヒーの味に大きなダメージを与えてしまうため、まずはそのマイナス要因をしっかりと取り除くことだ。また、形やサイズを揃えることで、ばらつきやムラがなく均一な仕上がりに焙煎できる。

そこまで到達して、ようやく焙煎に至る。コーヒーの味は産地銘柄のみによって決定づけられると思われがちだが、それは「同じ焙煎度において」という条件のもとでしか成り立たない。コーヒーの苦味や酸味の幅と質、香りの強弱、コクの豊かさやキレのよさ、など、その素質は生豆で決まる。それぞれの生豆がもつ可能性を正しく把握し、どの風味をおさえ、どの風味を引き出すか、どんな味に仕上げるかというイメージを掲げて立体的に加工する作業が焙煎である。焙煎度こそが、そのコーヒーの味を左右す

❶栽培／大規模に管理されたもの、自然に近い小規模なものもある。❷苗／小さな苗から花を咲かせるまでに３年ほどかかる。❸収穫／手で一粒ずつ、機械で収穫するものまで多様。❹果実／緑の小さな実から大きく赤くなって熟していく。❺チェリー／完熟すると「コーヒーチェリー」と呼ばれる。❻天日干し／しっかり乾燥させて脱殻する。❼パーチメント／天日干しの状態で豆の品質がわかる。写真は粒が揃いよい状態。この後パーチメント（内果皮）も取り除く。❽生豆／ここで欠点豆をある程度取り除く。

るといっても過言ではない。つまり、生豆の持ち味を最大限に生かすよう計算された適正な範囲において、好みの焙煎に仕上げることが望ましい。

かなり駆け足で栽培から焙煎までのベーシックな流れを紹介したが、コーヒーを抽出するための大前提として、これらを頭に入れた上で適正に焙煎された豆を入手することこそが、抽出のはじめの一歩となる。

焙煎された豆を仕入れても、自家焙煎をしてもかまわない。購入する場合には質のよい焙煎豆を選ぶ「確かな目」を養う必要があり、自家焙煎する場合には「確かな腕」を磨く必要があるだろう。そのためには、『田口護の珈琲大全』や『田口護のスペシャルティコーヒー大全』を参照してほしい。

おいしいコーヒーとはどういうことか

さらに、もう一つ、明確にしておかなければならないことは、「おいしいコーヒーとはどういうことか」という問題である。一見簡単な問題のようだが「おいしい」の判断は「好き」「嫌い」と同じで、個人的な好みや体調など様々な条件に左右されるため、定義することが難しい。

そこで客観的な表現として、「おいしい」の前に、「よいコーヒー」「わるいコーヒー」という表現を好んで使用している。そうすれば、誰にとってもどんな状況でも明確な基準を提示することが可能で、再現性を高めることができる。

中でも、わかりやすいのは「わるい」要素である。味が悪くなる要素をできる限り除去すれば、その結果抽出されるコーヒーは「適正な範囲内」の「よいコーヒー」となる。「適正な範囲内」であれば、基本的には「まずいコーヒー」にはなりえない。ストライクゾーンは限定的な一点ではなく、ある程度の範囲があるという考え方だ。つくり上げる味が「ボール」ではなく「ストライク」に入るように、生豆を選び、焙煎し、カッティングし、抽出することで、ストライクゾーンに入る「よいコーヒー」を淹れることができる。個人的な趣味嗜好はその上での選択となるのである。

では、「よいコーヒー」のストライクゾーンとは具体的にどのような条件によって表現できるのだろうか。私は常に4つの条件を提示している。

1　欠点豆のない良質な豆
2　焙煎したてのコーヒー
3　適正に焙煎されたコーヒー
4　挽きたて、淹れたてのコーヒー

具体的にそれぞれについて見ていくことにしよう。

1　欠点豆のない良質な豆

必ずしも値段の高い生豆を意味するものではない。注目すべきは欠点豆をしっかりと取り除いているかどうかである。欠点豆には様々な種類があり、発酵豆、カビ豆、死豆、未成熟豆（ヴェルジ）、虫食い豆、黒豆（ブラックビーン）、コッコ（果肉が残ったままの豆）、パーチメント（内果皮）、割れ豆、貝殻豆、レッドスキン（乾燥中に雨を被った豆）などが紛れ込んでいると、どんなに卓越した焙煎技術をもってしても、異臭や腐敗臭、濁りの原因となってしまうのである。

スペシャルティコーヒーの登場により（スペシャルティコーヒーについての詳細は『スペシャルティコーヒー大全』を参照してほしい）、コーヒーは高品質の時代を迎え、欠点豆の混入量は圧倒的に少なくなったが、それでもさらなるハンドピックは必要であるし、スペシャルティコーヒー以外にも十分に良質なコーヒーは数多く存在することはおさえておきたい。

2 焙煎したてのコーヒー

コーヒーの賞味期限は豆のままで室温で保存した場合、焙煎後2週間以内が目安となる。もちろん、環境や保存方法によってその鮮度は左右される。温度や湿度が高いところでの保管は劣化スピードを加速させるため、長期保存なら冷蔵か冷凍をお勧めする。小分けにして密封し、冷凍すれば1ヶ月以上は保存できる。焙煎した豆を仕入れる場合には、その保管状態や焙煎日を確認することを怠ってはならない。

3 適正に焙煎されたコーヒー

焙煎の目的は、生豆のもつ特性や個性を最大限に引き出すことである。最適な焙煎度はその豆により異なる。基本的には、ひと通り浅煎りから深煎りまで煎り、香味の変化を確認していけばその適正な焙煎度がわかる。詳細については後出の焙煎度の項目に譲るが、『珈琲大全』で「システム珈琲学」と名付けた焙煎チャートを提示した。低地産の柔らかいタイプから高地産の硬いタイプまでの生豆と、浅煎りから深煎りまでの焙煎度の適性をチャート化したものである。豆ごとに焙煎度の向き不向きがあり、不向きの焙煎度でおいしく仕上げるのは至難のわざである。それを参考に、適正な範囲で焙煎されたコーヒーを使用する。

4 挽きたて、淹れたてのコーヒー

コーヒーは豆のまま保存し、抽出する直前に粉に挽くのが原則だ。新鮮なコーヒーでなければ湯を注いでも膨らまない。粉に挽くとその表面積は数百倍になるため、空気との接触面が膨大になり、劣化や酸化は止められない。ミルがない家庭に粉で販売する場合にも、密封して冷蔵庫で1週間が限界だと必ず伝える必要がある。

また、言及するまでもないが、一度抽出したコーヒーをストックしたり、温め直して飲むことはもってのほかである。

つまり、「よいコーヒー」とは、次のように定義できる。

「欠点豆を除去した良質な生豆を適正に焙煎し新鮮なうちに正しく抽出されたコーヒー」

「よいコーヒー」は必ずしも万人にとって「おいしいコーヒー」

とはいえないかもしれないが、「わるいコーヒー」は間違いなく「まずいコーヒー」だと断言できる。

プロに求められるのは同じ味を再現すること

「おいしいコーヒー」を極めるために最も重要なことは、毎回必ず「ストライクゾーン」に投げ入れることである。さらにプロに求められることは、そのストライクゾーンの中でも、よりピンポイントに「同じ味」と感じる範囲内に再現できるよう、味のコントロールを磨くことだ。

コーヒーの味は常に揺れ動く。農作物であるから、同じ産地、同じ農園で育て、収穫したものでも、その年の気候に大きく影響を受ける。また、精製、焙煎、保存管理、カッティング……。どれをとっても、工業製品のように常に全く同じ味に仕上げられる訳ではない。

だからこそ、最終段階の抽出において、それまでのブレを包み込みながらコントロールできるような抽出の仕組みを知り、いつも変わらぬ味、またはそれに近いと感じる味を再現することが求められる。「味の再現性」はプロにとって、またコーヒーを極めるためには欠かせない技術であり、それができるからこそプロであるともいえる。「ここのコーヒーはおいしい」と納得して飲みに来る常連のお客様が「今日もいつもの味だ」と感じるように、店の基準を確実に再現しなければならない。

ここで、生豆を入手してから抽出までのバッハコーヒーの実際の手順に沿って「味づくりのプロセス」を確認してみよう。

❶ 生豆の香味特性（味）
❷ 生豆のハンドピック（1回目）
❸ 焙煎
❹ 煎り豆のハンドピック（2回目）
❺ 煎り豆の保存管理
❻ ブレンディング（ストレートの場合は省略）
❼ カッティング（粉砕）
❽ 抽出

味づくりのプロセスは有機的につながっている。基本的には主に❸の焙煎までに9割がたのコントロールを終えた状態であれば効率もよく理想的である。しかし、例えば、❸の焙煎でわずかに深く煎りすぎてしまっても、❻のブレンディングでバランスをとることもできるし、ストレートであれば❼または❽で微調整することが可能だ。原則として「上位プロセスのミスは下位プロセスでしか補えない」。いわば、抽出は、味を微調整する最後のチャンスでもある。もちろん、「下位プロセスだけでは上位プロセスのミスを相殺できない」という原則も忘れてはならない。「抽出」で帳尻を合わせればよいと考えるのではなく、すべてのプロセスをおろそかにせず、その上で、最後の微調整のチャンスでもコントロールを極め、狙った味を再現することを心がけたい。

コントロールの法則を知り抽出の技を磨く

最後の微調整のチャンス「抽出」において、様々な要素の性質を自分の知識とし、狙った味を引き出す技を手に入れることができれば、コーヒーの味の再現性はぐっと高まる。とりわけ自由度が高いペーパードリップにおいてはなおさらだ。コントロールの法則を知らずに抽出に挑むことは無謀といってもいい。

味のコントロールは、何も熟練の技だけに頼るものではない。焙煎度、粉のメッシュ、粉の分量、湯の温度、抽出時間、抽出量、それらの条件をほんの少し変えるだけで、同じ焙煎豆からでも異なる味のコーヒーを生み出すことができる。その法則をこの一冊にまとめたのである。

1章ではコーヒー抽出の仕組み、ペーパードリップの基本の抽出をしっかりとおさえ、2章では味を決める6つの要素を精査し、味のコントロールの法則に展開していく。さらに3章では、ペーパードリップを中心に様々な抽出器具について、その味の特性を分析する。

ハンドドリップが世界的に見直され、再び注目を集める今こそ、抽出のコントロールの法則を知ることはコーヒー業界にとって必要なことである。バッハが50年をかけて培ってきた実践的な蓄積から導き出したその法則を、この本を手に取った人たちにも、確実に自分のものにしてほしい。

第1章 Chapter 1

コーヒー抽出の仕組み

基本を身につけるために

抽出は誰にでも可能な作業であり、
特にペーパードリップはその自由度も高い。
その分、ブレなく毎回安定した味を再現することは難しい。
まずは、抽出の仕組みを理解し、頭にインプットする。
そして、その技術の基本をしっかりと自分のものにして
味の再現性を高めることが必須である。
この章では「抽出の仕組み」「基本の抽出」を極める。

Chapter 1

1 コーヒー抽出の仕組み

極端にいってしまえば、味にこだわらなければコーヒーの抽出は誰にでも可能であり、そんなに難しいことではない。コーヒーの粉と抽出器具さえ用意すれば、後は湯とカップを用意するだけでコーヒーを淹れることはできる。

しかし、行きつけの店で飲む好みのコーヒーと、家で淹れるコーヒーではどうしてこんなにも味が違うのかという経験が誰にもあるはずだ。さらに、同じ焙煎豆、同じ器具を使用しても、自分が淹れるコーヒーと家族が淹れるコーヒーでは違いが出ることもあるだろう。さらにいえば、同じ人間が淹れたとしても、「今日はイマイチだな」「今回はなかなかいいぞ」と味にブレが出てしまう。抽出について深く考えることなく何年淹れ続けても、抽出される味はその場限りで、再現性を高めることは難しい。

全く同じ生豆からスタートしても、前章で述べたように焙煎の違い、保管状況の違い、粉の挽き方により、コーヒーの味は大きく左右される。さらに、ストライクゾーンに打ち込める状態に整えた同じ豆から抽出した時でさえ、抽出の条件によっては「まあ飲めるコーヒー」から、「もう一杯飲みたいコーヒー」「極上のコーヒー」まで、幅広い仕上がりになるのである。

抽出は「コーヒーの粉に湯を注いでいるだけ」のように見えるが、そこには法則がある。抽出の際、ミクロの世界ではどのようなことが起こっているのだろうか。実際に目にすることはできないが、ドリッパーの中で起きている現象を理解することで、抽出される味の違いにつながるヒントがつかめるはずだ。まず、抽出の仕組み、そこで繰り広げられる現象を知るところからはじめたい。

抽出とは、コーヒー豆の成分を「どれだけ引き出すか」

抽出器具の中では、湯と粉砕したコーヒー豆の間で非常に複雑な現象が起こっている。そのため、条件が微妙に変化するだけでそこで抽出されるコーヒーの味は豊かに変化する。

コーヒー研究の第一人者であり、本書の科学監修をお願いした旦部幸博氏は、抽出についてこのように述べている。

「コーヒー豆の香味成分は、焙煎までのプロセスで決定されます。抽出とは、コーヒーの生豆を焙煎してつくった成分を『どれだけ引き出すか』ということになり、その加減により味が決まります。コーヒーには様々な成分が含まれており、親水性が高く溶け出しやすいものから親油性（疎水性）で溶け出しにく

図表1 ― コーヒー抽出の仕組み

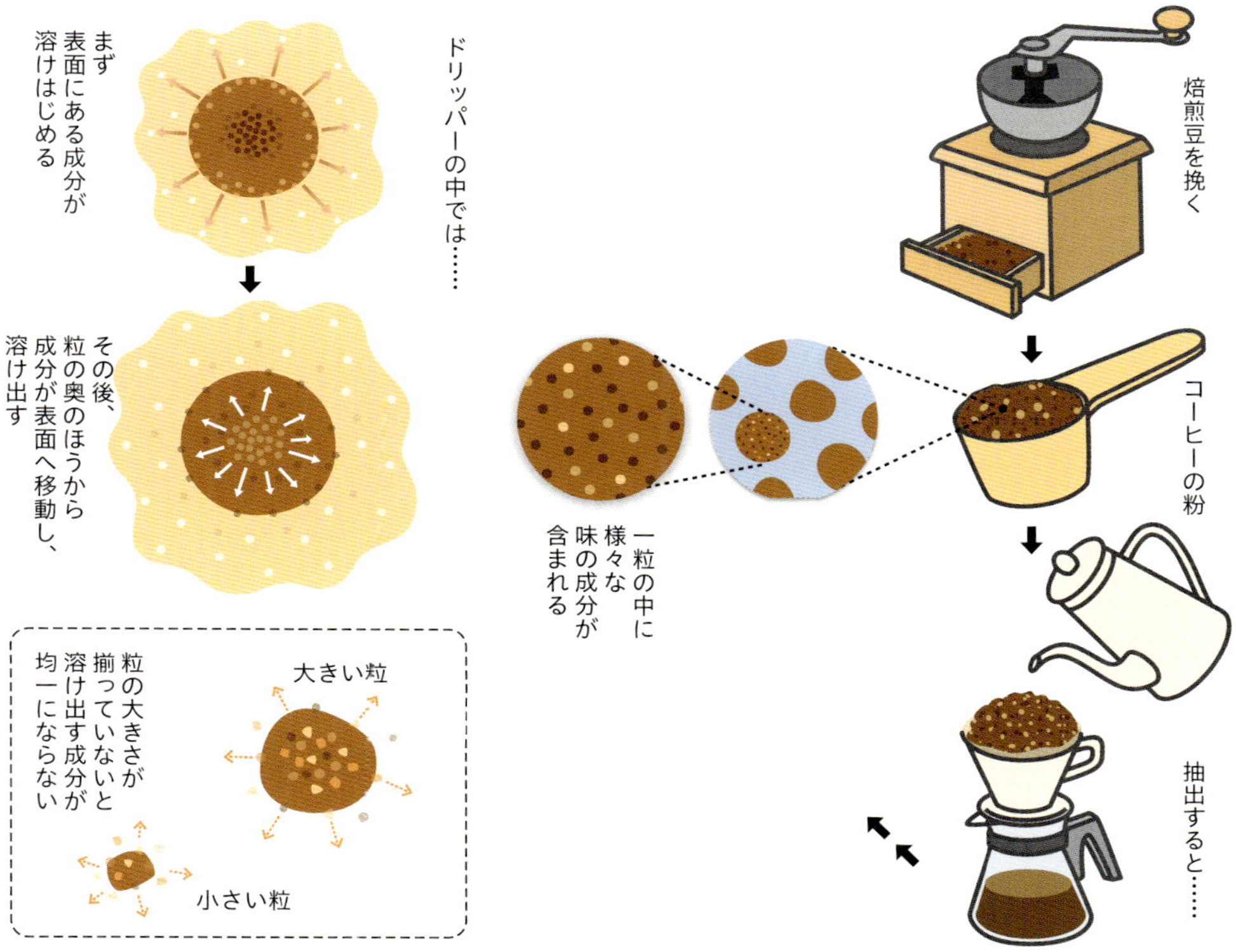

いものまでが存在します。その条件や時間差を利用して、どのように成分を引き出すかを理解すれば、抽出されたコーヒーの味をコントロールすることも可能になるのです」

　もちろん、焙煎した豆のままでは水や湯に浸しても成分はなかなか溶け出さない。焙煎豆を粉砕することではじめて成分は溶け出しやすくなる。ただし、水や湯に溶け出しやすくなる一方、空気に触れる面も大きくなるため、香りは飛び、酸化も早くなる。このため、抽出直前に豆を挽く、「挽きたて」が「よいコーヒー」の大切な前提となる。

狙った味を引き出すためにもまず粒の大きさを均一に

　コーヒーを挽く時に、均一の大きさに挽くことも大きなポイントだ。粒の大きさが揃っていなければ、溶け出す成分にもばらつきが生じるためである。同じ時間、湯に浸した場合を考えると、大きな粒は内側の成分が溶け出しにくいが、小さな粒であればすべての成分がすぐに溶け出してしまう。両者が混在すると、狙った味を引き出すことは難しくなる。

　ミルの仕組みなどは2章で詳しく解説するが、家庭用の簡易なブレードグラインダーでは均一の粒子に粉砕することは難しい。回転するブレードに当たりにくい場所の豆は砕かれずに大きいままでも、当たりやすい場所では十分小さくなった粒子がさらに砕かれ、微粉化していく。このため、微粉にまで砕かれたものと、まだある程度の大きさが残っているものとがどうしても混在してしまう。コーヒーの味を安定させ、再現性を高め、さらにコントロールするためには、粒子の大きさをできるだけ正確に調整できる専用のミルを使用することが必須条件である。

現在、家庭用のブレードグラインダーを使用している場合には、最後に茶こしなどでふるいにかけ、微粉を取り除き、ある程度粒を揃えてみてほしい。ドリップした時、その味の違いを実感することができるはずだ。

浸すのか、通すのか コントロールに適した抽出は？

コーヒーの抽出器具にはドリップ式、サイフォン式、エスプレッソ、プレス式、ボイル式など様々な種類がある。加熱しながら煮出すタイプのものも含め、その原理において大きく分けると、2つに分けられる。浸漬（しんせき・しんし）式と透過式である。

浸漬とは、コーヒーを湯（水）に浸すこと、透過とは、コーヒーの粉で層をつくり、そこに湯（水）を通過させることである。どちらも、浸している間、通過している間にコーヒーの粉の成分が湯（水）に移動してコーヒーとなる。

サイフォン式、プレス式、ボイル式などは浸漬式抽出に近く、ドリップ式、エスプレッソなどは透過式抽出に近いといえるが、両方の要素を併せ持つ器具が多く、一概に2つには分けられない。それぞれの器具の特色については3章「様々な器具での抽出」で詳しく述べることとする。

浸漬式でも透過式でも、どれが親水性が高く溶け出しやすい成分で、どれが親油性（疎水性）が高く溶け出しにくい成分かは変わらない。ただし、それぞれの溶け出しやすさは湯の温度によって変化する。

こうした性質を理解した上で、巧みに利用しながら抽出の時間や温度を調整すれば、理論上では狙った味を抽出できるということになる。

図表2 ｜ 抽出器具のタイプ

浸漬抽出の仕組みと透過抽出の仕組み

浸漬抽出と透過抽出のそれぞれについて、コーヒー粉と湯（水）の間でどのようなことが起こっているかを単純化し、その原理についても把握しておきたい。これらは、旦部氏によるコンピューター解析によるシミュレーションである。

浸漬抽出

浸漬抽出では下図のように、一定量のコーヒー粉と湯（水）を一度に全量入れることになる。時間とともに成分が溶け出していくので、比較的単純な原理となる。

ただし、粉に含まれる成分は徐々に水へ移動する（図表3の①参照）が、どれだけ長い時間が経過しても粉の成分が100%水に移動するわけではない。成分は一時的に粉から水に移動するだけでなく、一度水に溶け出した後で再び粉に戻ることもあるからだ。粉の中の成分の濃度が減少し水中の濃度が増加することで、粉から水への移行速度は減少していく（図表3の②参照）。両方の速度が釣り合うと、見かけ上はそれ以上に成分が移動しなくなり、平衡状態となる。

この現象が各成分で起こる結果、全体を見ると、「時間が経つに従って濃くなるとともに、溶け出しにくい成分の割合が増える」ということになる。

図表3 | 浸漬抽出モデルとその抽出曲線（コンピューターによるシミュレート結果）

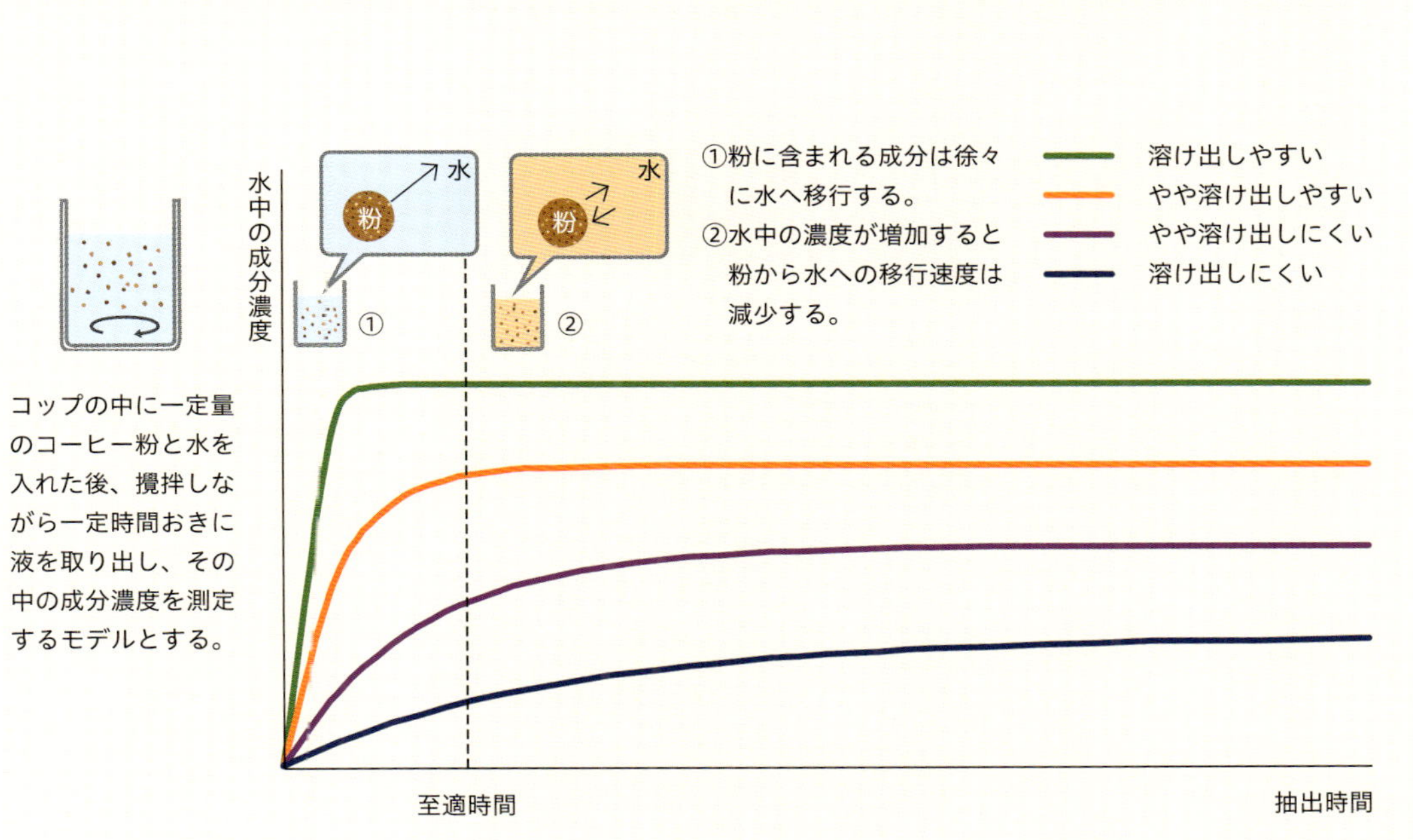
コップの中に一定量のコーヒー粉と水を入れた後、撹拌しながら一定時間おきに液を取り出し、その中の成分濃度を測定するモデルとする。
水中の成分濃度
粉
水
①
②
①粉に含まれる成分は徐々に水へ移行する。
②水中の濃度が増加すると粉から水への移行速度は減少する。
溶け出しやすい
やや溶け出しやすい
やや溶け出しにくい
溶け出しにくい
至適時間
抽出時間

図表4 | 透過抽出の原理

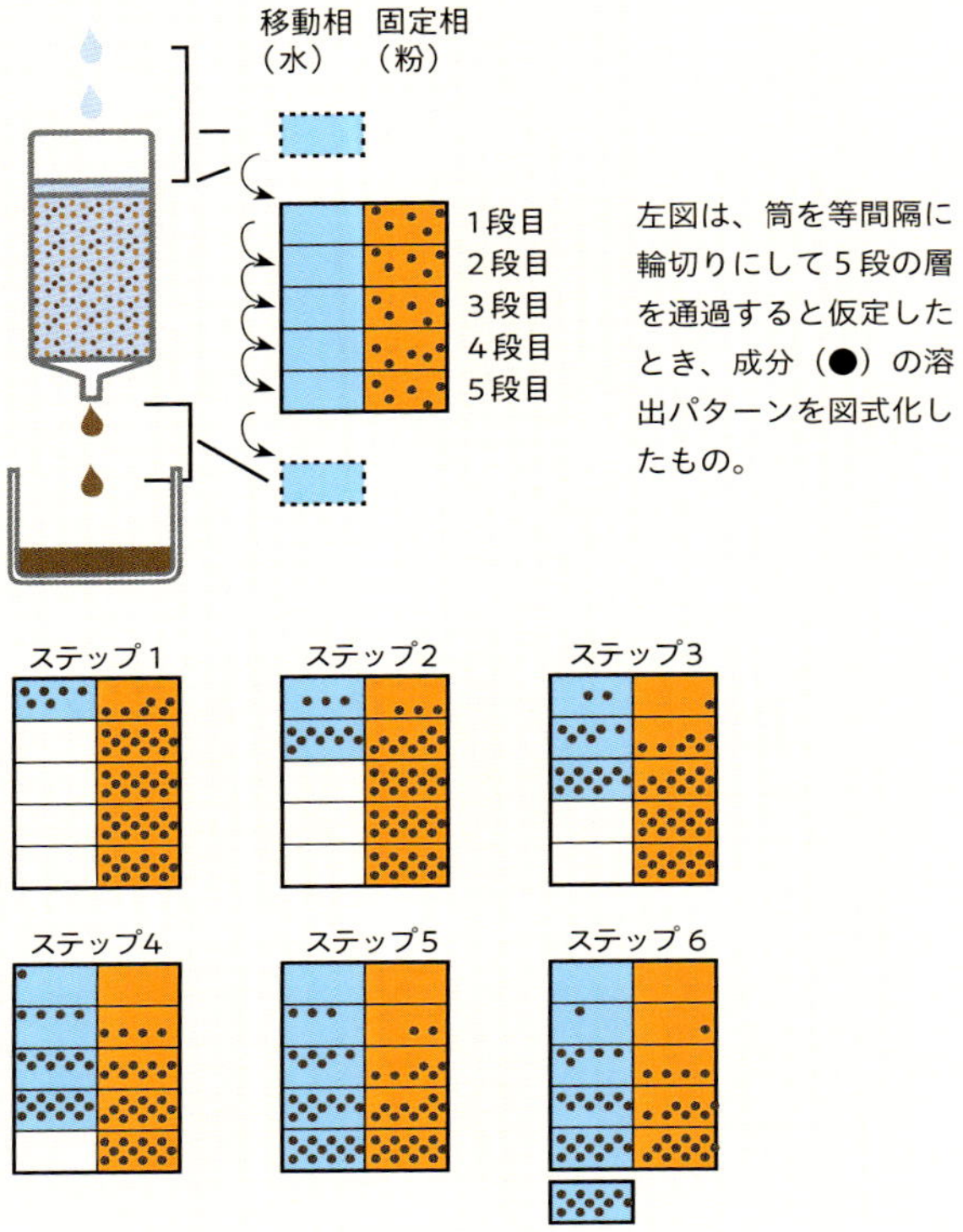

左図は、筒を等間隔に輪切りにして5段の層を通過すると仮定したとき、成分（●）の溶出パターンを図式化したもの。

図表5 | 透過モデルの抽出曲線

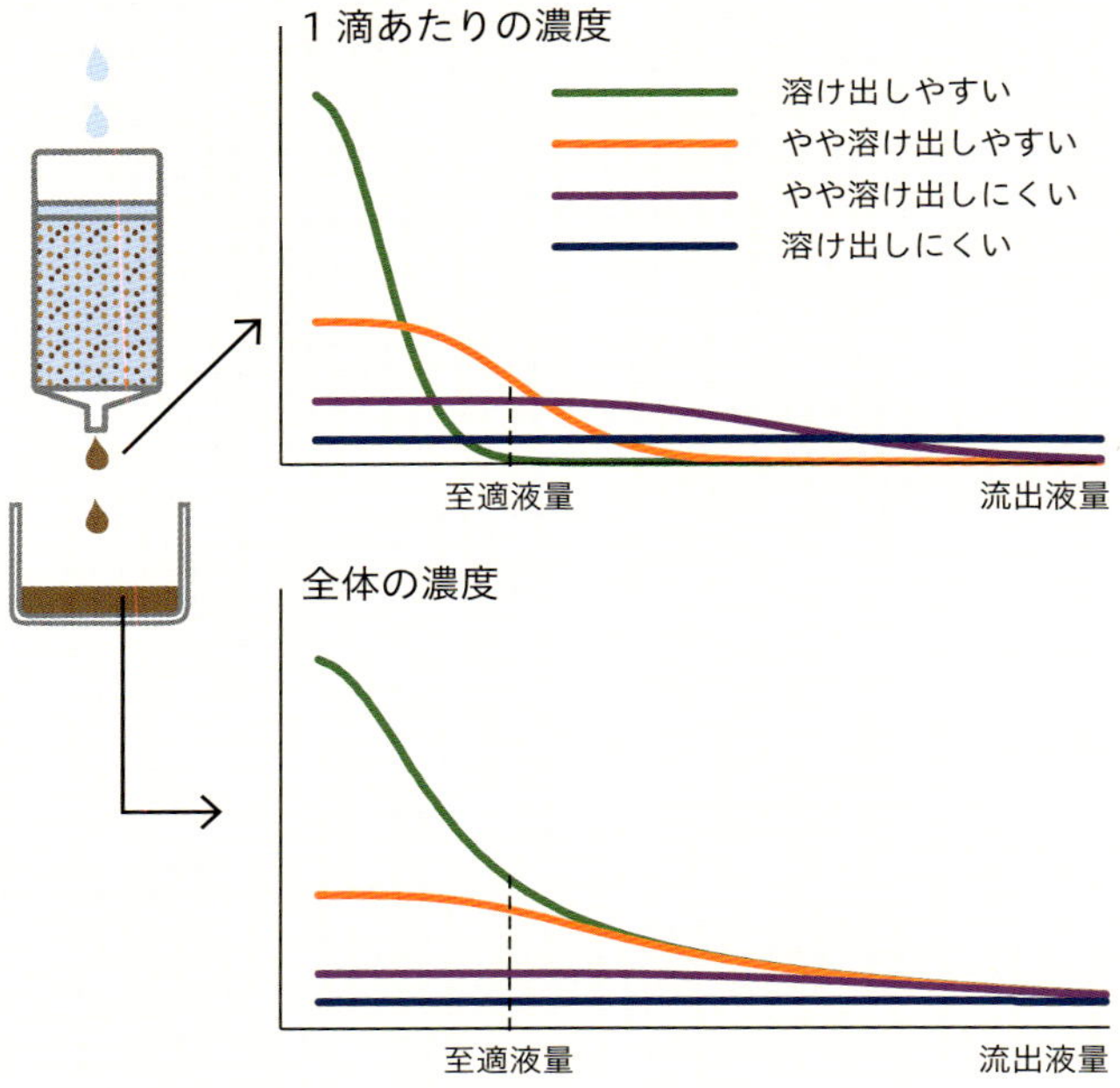

透過抽出

透過抽出では浸漬抽出よりも原理はかなり複雑になる。できるだけ単純化して考えるため、ドリッパーなどの抽出器具を一本の円筒に置き換えたモデルを使って考えてみよう。

筒の中にコーヒー粉（あらかじめ吸水済み）の層をつくり、上から水を少しずつ加える場合を考える。水はほぼ一定の速さで粉の隙間を通過し、一定時間後に筒の下から出る。この間に粉から水へ成分が抽出される。これを何度も繰り返し、下に抽出されたコーヒー液が溜まるとする。このモデルをシミュレートした図表4を詳しく見ていこう。「長さ5cmの粉の層を30秒かけて水が通過する」とする。図表のように5つに区切れば、1cmずつに分かれた5段の粉層をそれぞれ6秒ずつかけて水が通過することとなる。「各段の抽出は6秒でほぼ平衡に達する」と仮定して各段の成分の動きを考えてみる。

〈ステップ1〉少量の水を加え抽出を開始すると、間も無く1段目が平衡に達して成分が一定比で粉と水に分配される。

〈ステップ2〉6秒後、その水が2段目に移動すると同時に1段目に新たな水が加えられ、格段で分配が行われる。この時、1段目では、ステップ1で粉に残った成分だけが、2段目ではステップ1の1段目で水に移行した分と2段目の粉が最初に含んでいた分の合計が、それぞれ一定比で粉と水に分配される。

〈ステップ3以降〉さらに6秒後に水が次の段に移行……を繰り返して、最後に5段目から筒の下に流れ出る。

このモデルをシミュレートすると、図表5上段のように「最初に出てくる液滴の中では成分が高濃度に濃縮されており、しばらくほぼ一定の濃度で抽出され続けた後、成分が減り、最後には出尽くしてしまう」ということがわかる。

さらに、溶け出しやすい成分は早々に出尽くすが、溶け出しにくい成分は低濃度のまま抽出され続けるため、抽出液全体では図表5下段のように「最初に濃縮されて抽出され、流出量が増えるに従って薄まるとともに、溶け出しにくい成分の割合が増える」ということがわかる。

実際にはドリッパー内の粉の層は図表4のように均一に5つの層に分かれていることはなく、湯を注ぐことで形状も変化するため、さらに複雑化する。だが、大まかなパターンをイメージするには、このような単純化したモデルも有用だ。

抽出と味の関係 どの味を引き出したいのか

コーヒーの抽出本は数多く出版されている。コーヒーについての本の8割は抽出についての本だといえるだろう。それらの中では、浸漬式では「長く抽出しすぎると雑味が出る」、透過式では「おいしい成分が先に出て、その後、雑味が流れ出てくる」という説明が一般的だ。抽出後半に雑味が出るため、適切なタイミングで抽出を終えることがポイントとして提示されている。バッハの経験値からもそれは共感できる部分である。

確かにモデルにおけるシミュレーションからも、ある時点をすぎると水に溶け出しにくい成分の割合が増えていくことが読み取れる。そのため、水に溶け出しにくい成分の中に「まずい」成分が含まれているのだろうと考えられる。

しかし、コーヒーの味は、そこに含まれる様々な成分が複雑に絡み合い、知覚される。それぞれの味が打ち消し合うことで引き出される味もある。コーヒーの味の成分の代表的なものとしては、酸味、キレのある苦味、コクのある苦味、鋭い苦味、わるいおこげ、渋み、甘みなどがある。それぞれの味の関係性については2章の味のコントロールで詳細に解説するが、一概に「水に溶け出しにくい成分」＝「まずい」といいきれるわけではない。

「水に溶けやすい成分である酸味の中にも、きつい酸っぱさの有機酸や、渋くて酸っぱいカフェー酸など、親水性のまずい成分もあれば、溶け出しにくい親油性の成分にもおいしい成分があるはずです。しかし、『わるいおこげ』と呼ばれるような、親油性の高い苦渋みが最も強烈にまずいと感じるため、この要素を出さないよう適切なタイミングで抽出を終えることがポイントだとされるようになったのでしょう」と旦部氏はいう。

この本の目的は、設定した条件により、どのように味が変化するかを理論的に考察し、実際の抽出で確認することである。

浸漬抽出と透過抽出のシミュレーションからもわかるように、浸漬抽出は味の変化が少なく、味にブレが少ない。逆にいえばコントロールできる幅は限定される。味のコントロールを細やかにしたいのであれば、透過抽出が適している。コーヒーの様々な味の成分をどのように引き出し、味を決めるのか。そのプロセスを楽しめるのも透過式の醍醐味だ。条件に変化をつけて抽出することが可能なペーパードリップは、幅広い味を引き出せる器具だといえる。味をコントロールする法則を明らかにするため、条件を一定にした基本の抽出から取り組むべきである。

図表6 ｜ 抽出と溶け出しやすい成分

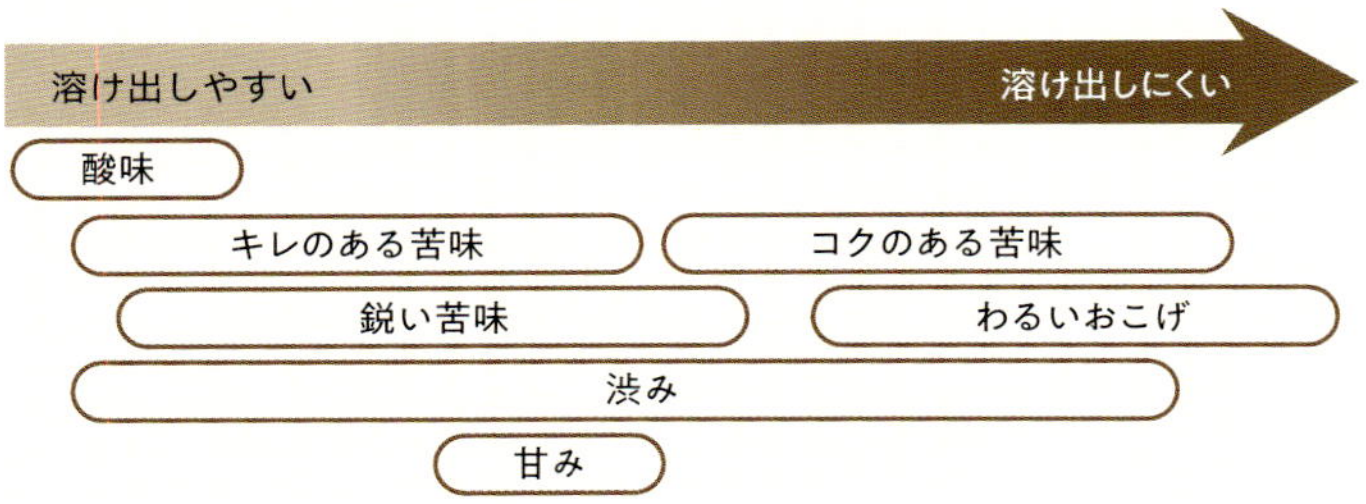

「おいしい成分は溶け出しやすい」は必ずしも正しくない

カフェ・バッハがペーパードリップを選んだ理由

抽出の仕組みは非常に理論的だ。その理論を理解し、再現することができれば、誰にでもできるものである。一部の人だけに許される魔法のようなものではない。まずは基本の抽出をしっかりと自分のものにすることだ。

難しいことはいいことで、価値あることだと思い込みがちで、熟練した技術者ほど、その技をやすやすと後継者たちに教えないことがある。しかし、私たちはそうは考えない。より多くの人にコーヒーの楽しさを伝え、味わっていただきたいということが私たちの本来の願いだ。カフェ・バッハが50年前からペーパードリップ一筋で抽出してきたのもそこに理由がある。

ペーパードリップなら、抽出器具が安価に入手でき、シンプルな説明書を読めば誰でも簡単にコーヒーを抽出することができる。そのような抽出器具が各家庭にあれば、家庭への普及も、焙煎豆のテイクアウトも十分に期待できる。

さらに素晴らしいところは、初心者から上級者まで、全く同じ器具を使って、コーヒーを抽出することができることだ。様々に条件を変えることで、気軽に味わうコーヒーから究極の味のコーヒーまでを抽出することができる優れものである。

抽出が終われば、ペーパーごとゴミ箱に捨てるだけ。ネルを洗う手間もなければ、店舗や家庭の配管をコーヒーの微粉で詰まらせる心配もない。ほかの抽出器具に比べ手入れも簡単だ。だからこそ日常の楽しみとして使いこなすことができ、よりおいしいコーヒーを淹れたいという意欲も湧いてくるのである。

カフェ・バッハのカウンターで抽出するまで

ここで、バッハのカウンターで抽出できるようになるまでのステップをほんの少しお伝えしよう。実際には、皆さんが想像しているほど時間はかからない。

基本の抽出と味のコントロールの法則をしっかりと覚えることができ、接客の基本をマスターすれば、早ければ半年でカウンターに立つことができる。資質、態度や価値観、人と接する能力などもあるが、何よりも抽出の仕組みと法則を理解していれば、ほとんどのスタッフがその期間で、バッハの基準以上のクオリティのコーヒーを抽出できるようになるからだ。

スタートは単純作業から取り組む。物の位置を移動させる、紙を折るなど、質的な変化が求められないもので、誰がやっても同じ結果になるような作業から覚えていく。物の取り扱いを体に染み込ませるといってもいい。

朝であれば開店するためのスタンバイである。湯を沸かし、先輩がコーヒーを淹れるために必要なことを準備する。準備するためには、何が必要かを理解し、先回りして動けなければならない。

それができるようになると、どんな配慮が必要か、今何をすればスムーズに動けるかを判断できるようになる。

そして、判断や知恵が必要な作業を徐々に増やしていく。おしぼり一つを絞るにしても、繊細な心遣いが必要である。どのくらいの水分を残して絞るか、どのタイミングで出すのか。

湖面を泳ぐ白鳥は、水面下でどんなに足をバタバタさせていても、それを感じさせない優雅さがある。裏方、黒子として、労力を厭わず、お客様に気づかれることなく、店全体がゆったりと居心地のよい空間になるように、心を尽くす。

そして最後に接客である。まずは店のスタッフのために開店前のコーヒーを淹れる。先輩も飲み、もちろん私も飲み、味をみる。プレッシャーがかかるカウンターに立つ前に、自信をもって出せるだけの経験をそこで積むことになる。店頭では、オーダーを受け、常連客の頼むメニューや好み、サービスのタイミングを覚える。店の前をすっと通り過ぎただけで、「あのお客様はタバコを買いに行ってからコーヒーを飲みにいらっしゃるから、そろそろ豆を挽きはじめよう」という判断ができる。

カウンターに立つ頃には、20種類以上のコーヒーメニューを間違うことなく抽出することができるようになっている。それまでに準備や接客で培われた心配りが、コーヒーを抽出する際にも生きてくる。コーヒーに対する姿勢、将来に対する希望がひとりひとりの中にしっかりとした柱として立ち上がっていく。そこから先はカウンターに立つことで、それぞれが常連客からの声掛けによって育っていくのである。

Chapter 1

2 ペーパードリップ 抽出の準備

ペーパードリップの基本の抽出について、その準備から実際の抽出までを見ていこう。

ここでは、基本的にはカフェ・バッハで使用している道具を使い、カフェ・バッハのベーシックな味となる中深煎りのバッハブレンドを使用する。

ペーパードリップに必要な道具とその準備

ペーパードリップの抽出の際、ひとまず揃えておくべき道具を確認しておきたい。上の写真にあるコーヒーポット、温度計、メジャースプーン、ドリッパー、サーバー、ペーパーフィルターを用意する。そして、適正に焙煎された新鮮なコーヒー豆を抽出直前に均一に挽き、湯を沸かせば準備は整う。

それぞれの道具は基本の抽出だけでなく、味をコントロールする際にも条件を整えたり微調整したりするために欠かせないものばかりである。個々の道具について、抽出におけるその役割、特徴や選び方、正しい手入れや管理の仕方などについて解説しよう。

1 コーヒーポット

ドリップ専用のコーヒーポットは温度を調整し、湯の量やスピードをコントロールしながら注ぐための重要な道具である。直火にはかけず、やかんなどで沸かした湯を注いで使用する。湯温を一定に保つことができる保温式のコーヒーポットもある。

選ぶ際はデザインより使い勝手を優先し、水を注いで実際に試してみるとよい。持ち手の形が手に馴染むかどうか、注ぎ口の形はどうか、また、湯を入れた時に片手で保持できるかを確認する。注ぎ口が均一に細いものは湯を細く出しやすいが、大量に抽出したい時は扱いづらい。注ぎ口の根元が太く先が細くなっていると（写真1－2）、出る湯の太さを自在にコントロールできる。

2 温度計

沸かしたての湯をコーヒーポットに移し替えて温度を少し下げ、大体の目安でドリップしている人もいるかもしれないが、室温やコーヒーポットの温度によって移し替えた時の湯温はかなり異なることを忘れてはならない。これから味のコントロールを極めようとするのなら、温度計は必須である。

カフェ・バッハの基本の抽出温度は82℃から83℃である。狙い通りの湯温にするためには、コーヒーポットの中の湯を攪拌し、上下の温度を均一にしてから温度を測るようにする。温度計とセットで長いティースプーンなどを使うと湯がよく混ざり、均一になりやすい。デジタルもよいが、慣れればアナログのほうが温度調整する際の温度変化の先を読みやすい。

1-1

1-2

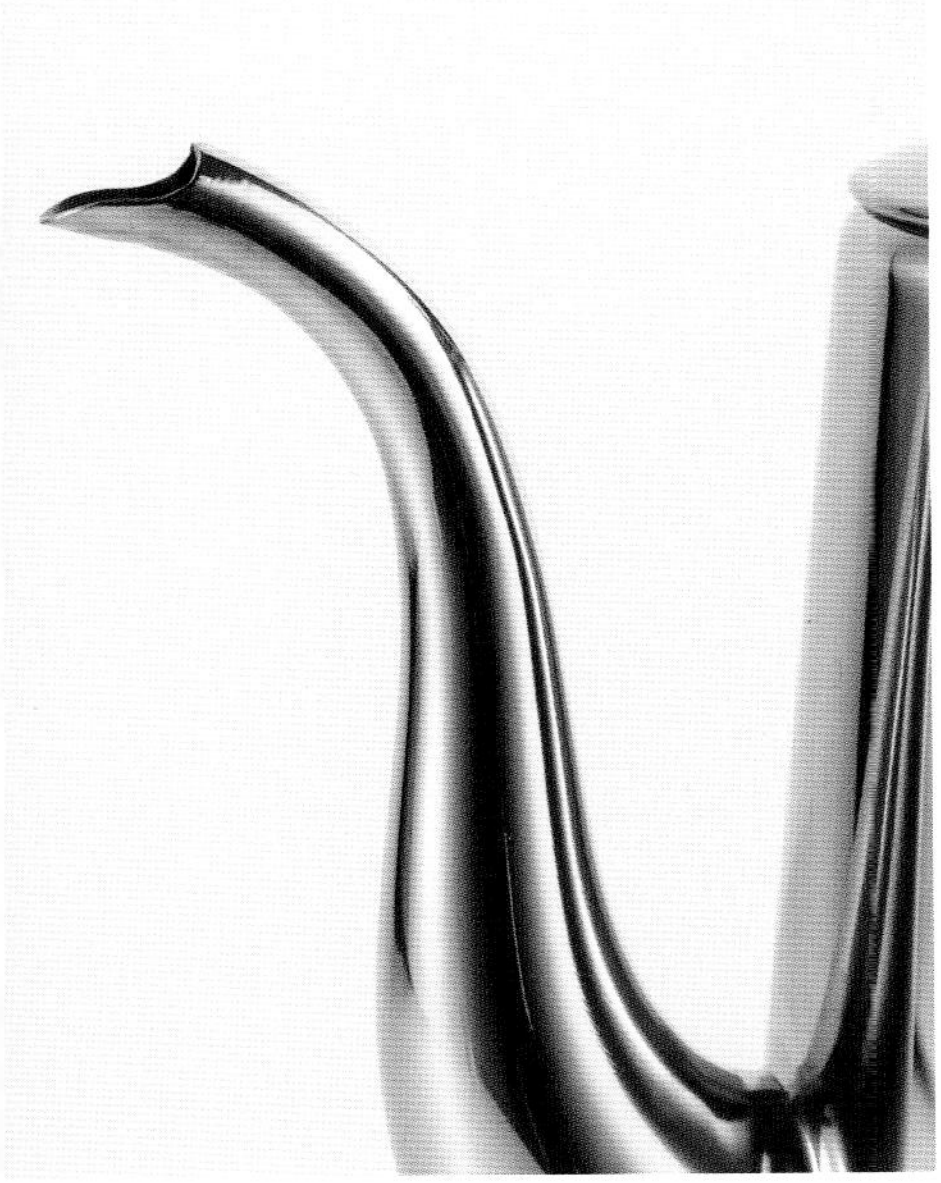

2

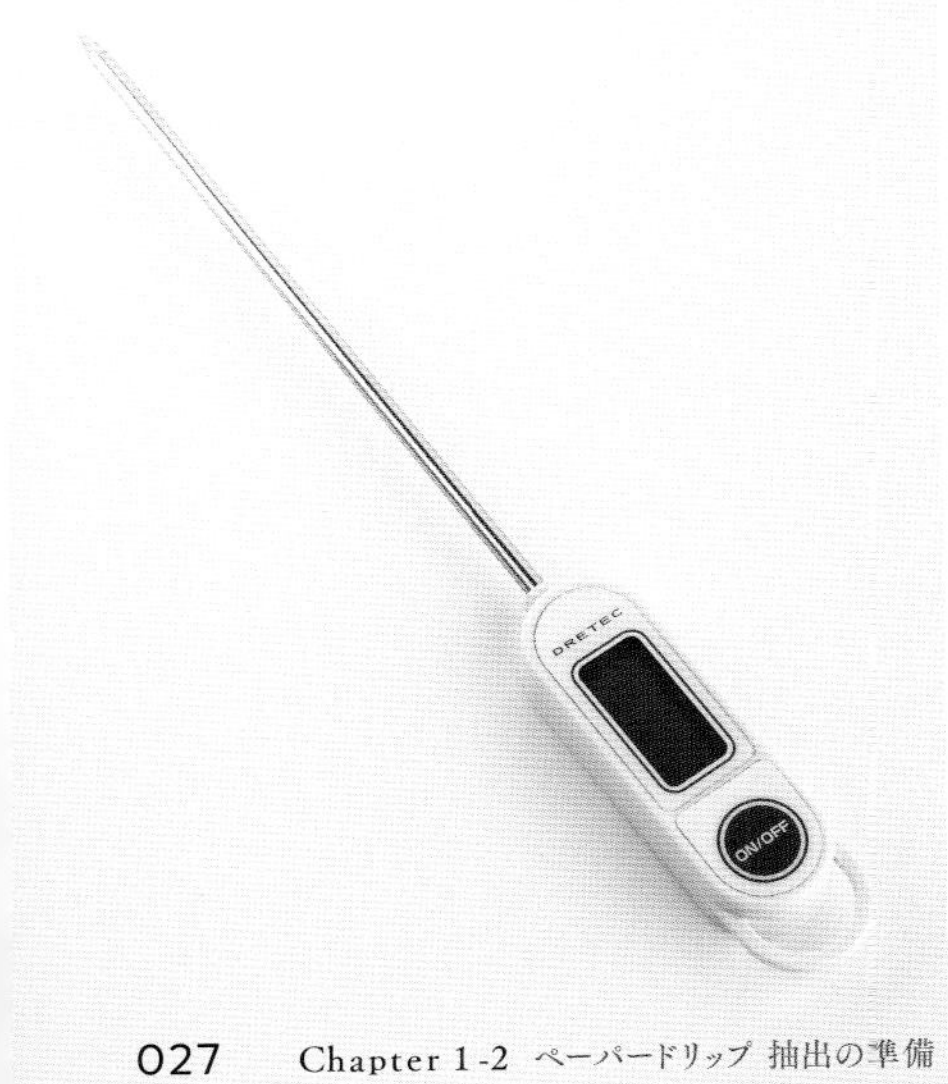

3　コーヒー豆

適正な焙煎度に焙煎された新鮮な豆を、均一なメッシュ(粉)に挽いて使用する。基本の抽出で使用するバッハブレンドは、やや深めの中深煎り。中深煎りなら中挽きが持ち味を引き出しやすく相性がいい（写真3-1の豆、3-2のメッシュは原寸大）。

保存する場合には、豆のまま密封容器に入れること。焙煎直後から常温で2週間、購入して家庭で保存する場合には冷蔵庫で1週間、小分けにして冷凍庫で1ヶ月くらいを目安に使いきりたい。抽出前には必ず室温に戻してから使用すること。そのまま使用すると湯の温度が下がり、味に影響する。

4　メジャースプーン

メジャースプーンは各ドリッパーにセットされていることが多い。基本的に、1杯の分量は粉で1人分とされているが、メーカーによって形や1杯のグラム数が多少異なる（ドリッパーにより1人分の規定量が異なる）。メジャースプーンは、使用する前にすりきり1杯の重さを計測し、必ず確認しておくこと。

また、2章のコントロールの際、粉のわずかな分量の違いも味に響いてしまう。煎り具合が違うと同じ体積でもその重さは異なることも忘れてはならない。浅煎りの場合は密度が高く少し重い。深煎りの場合には豆が膨張し密度が低くなるので少し軽くなる。どちらにしても、異なる焙煎豆の粉の分量を量る時には確認しておくと安心である。

5　ドリッパー

ペーパードリップのドリッパーには台形型と円錐型がある。台形型には穴の数が1～3つまであり、1回で注湯するものや数回に分けて注湯するタイプがある。それぞれのメーカーによりリブと呼ばれる溝の高さや形状などにも特徴があり、基本的にペーパードリップは透過式でコーヒー粉の層を濾過層と考えるが、浸漬式に近いものもある。

材質は、陶器、ポリカーボネート、樹脂などがあるが、陶器製のものが耐久性が高い。

この本の基本の抽出では、カフェ・バッハが三洋産業と共同開発したドリッパー、「スリーフォー」（写真5-2、5-3）を使用している。

6　サーバー

サーバーはドリップしたコーヒーを受けるため、コーヒーの色や量が確認できるガラス製が主流である。サーバーに目盛りがついている場合には目盛りを目安にして湯量を確認する。目盛りがない場合にはドリップスケール（写真6-2）で抽出量を量りながら抽出することもある。

ドリッパーの大きさとのバランスを見て、ドリッパーをのせた時にしっかりと安定するもの、手入れがしやすく丈夫なもの、また、サーバーのまま火にかけることはないが、耐熱ガラス製のものを選ぶとよいだろう。

3-1

3-2

3-3

4

5-1

5-2

5-3

6-1

6-2

7-1

7 ペーパーフィルター

ペーパーフィルターはドリッパーに合わせて必ず専用のものを使用する。ドリッパーはメーカーによって形や大きさが微妙に異なるため、フィットしないこともあるからだ。基本的にはどのメーカーも、ドリッパーに形状を合わせ、材質や織り方も適正な抽出ができるよう開発されている。ドリッパーのメーカーが販売しているペーパーフィルターを使用することが最良の選択である。ほかのメーカーのものでは、そのドリッパーの特性を十分に引き出すことができない場合もある。

　また、ペーパーの色については、25年ほど前に、一部メーカーで塩素漂白だったという記事が出たことがあったため、漂白したもの（白）よりも無漂白（茶色）のほうが環境や健康によいのではないかといわれた時期もあったが、今はどこも酸素漂白である。「無漂白の場合には漂白工程がないためパルプ臭を除去するためにパルプ繊維の洗浄作業を通常の2倍行っている。また、ゴミの除去や機械のメンテナンスにも手間がかかり、コスト高になるため製品価格が上がる」（三洋産業）というから、無漂白が環境によいかというとそれも難しいところだ。

ペーパーフィルターはそれぞれに繊維の大きさや織り方に工夫がなされており、クレープ加工と呼ばれる表面の凹凸や繊維の太さなどによって、全く同じ条件で抽出しても、透過するスピードに違いが出る。写真7－2ではわかりづらいが、実際に触ると、両面に凹凸がはっきり感じられるもの、片面だけのもの、両面がツルツルなど様々である。また、微細な穴を開けたフィルターもある（90ページ参照）。一概にどのタイプがよいというものではなく、それぞれのドリッパーとの相性や、足りない機能を補完する意味合いをもつものもある。

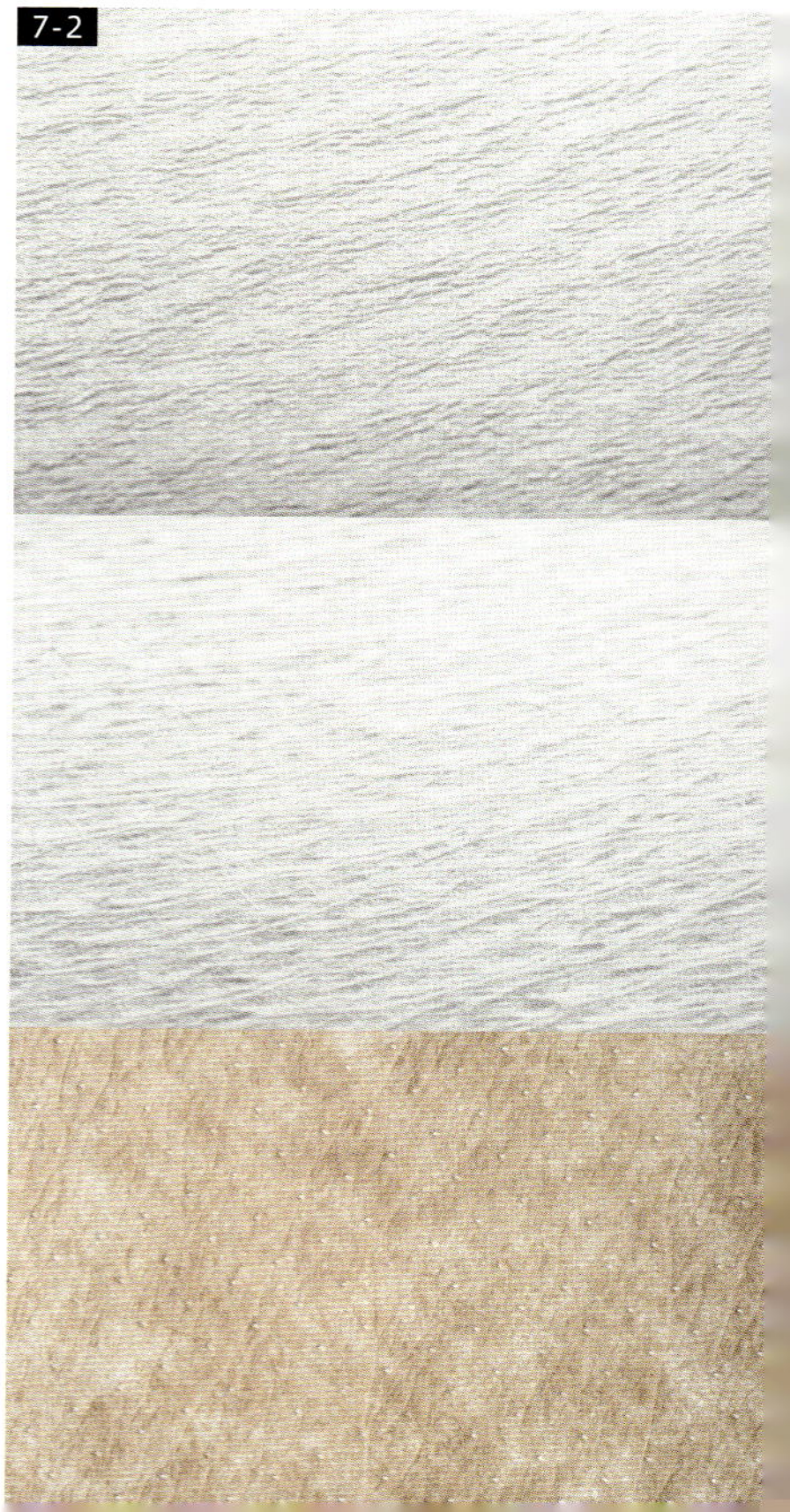
7-2

ペーパーフィルターの表面

ペーパーフィルターはそれぞれのメーカーにより繊維の大きさや織り方が異なる。ドリッパーの性質に合わせて、透過速度をコントロールする要因の一つとなるため、セットで使用することが好ましい。

ペーパーフィルターの折り方（台形）

①側面の折りしろを折る。

②側面と互い違いに底部の折りしろを折る。

③親指と人さし指で底部の角を潰す。

④同様にもう一つの角も潰す。

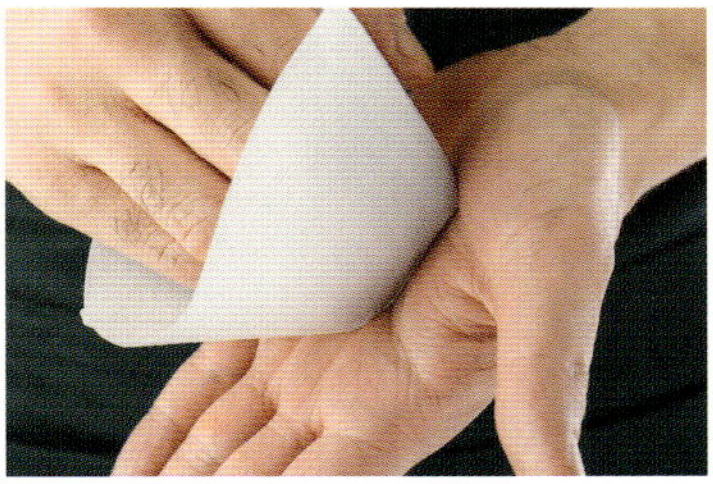

⑤ペーパーの内側に指を入れて形を整える。

⑥ドリッパーの形に沿わせセットする。

8　姿勢

湯を注ぐ際には、腕の位置がブレないよう、手首、肘、脇を固定し、左手（左利きの場合は右手）は腰に当てて上半身は正面を向いて姿勢を安定させる（写真8－1）。右足を一歩前に、左足を少し引いて立ち、「の」の字を書くように注ぐ時は腕だけを動かすのではなく、体全体の重心を移動させながら注ぐようにするとドリッパーから注ぐ湯量やスピードが安定し、微妙な湯量をコントロールしやすくなる（写真8－2）。

ドリップの際、器具や食器に水滴が残ったままでは本来の味が損なわれる。すべての基本として、洗った後は清潔な布巾で直ちに水滴を取り去ることを徹底して身につけたい。布巾のはじで道具を持ち、中を拭くようにすれば指紋を残すこともない。用途別に色分けしてもよい。

8-1

8-2

Chapter 1 3

ペーパードリップ 基本の抽出

この項では、ペーパードリップでの抽出を解説。安定して抽出しやすい2人分の抽出ですべて統一する。

使用する器具

ドリッパー／スリーフォー102
ペーパーフィルター／スリーフォーペーパーフィルター102

三洋産業のスリーフォーは101は一つ穴、102は二つ穴となっている。透過スピードをコントロールするためリブは高く、ドリッパーの底面の出っ張り（写真は101）が吸引力を高める。

抽出条件

・コーヒー粉／バッハブレンド
・焙煎度／やや深めの中深煎り
・粉のメッシュ／中挽き
・粉の分量／2人分24g
・湯の温度／82～83℃
・抽出量／300㎖

抽出を始める前に

❶ 抽出に必要な道具を揃えたら、室温に戻した豆を挽く。
❷ ペーパーフィルターを折り、ドリッパーにセットする。ドリッパーにはコーヒーの粉をきちんと量り入れる。
❸ 湯を沸かし、湯を安定して注ぐため、コーヒーポットの八分目まで湯を入れる。温度を安定させる前にサーバーやコーヒーカップにポットから湯を注ぎ、温めておくことで、ポットの注ぎ口の湯温も安定させることができる。
❹ 湯温が82～83℃になったら抽出を開始する。

湯量のコントロール

基本の抽出でマスターしておきたいのが湯量のコントロールである。コーヒーポットから注ぐ湯柱の太さを安定させること、その太さを自在に調整できるようになることが望ましい。そのためには不確定な要素をできるだけ減らしていく必要がある。たとえ1人分でも、コーヒーポットには必ず八分目まで湯を注ぐのもそのためである。湯量が少なすぎると、ポットの傾きも大きくなり、持ち手を握る位置も不安定になる（図表7）。

湯は粉面から3～4cmの高さから、粉面に垂直に落とし、湯柱の太さは2～3mmが理想的だ。落としはじめは細くゆっくりと、抽出後半になるに従って徐々に太くする（図表8、9）。

抽出時の湯の流れ

抽出時、ドリッパーの中では湯はどのように流れているのだろうか。断面図と上部からの図を確認しておきたい（図表10、11）。湯の流れと空気の流れを頭にイメージしながら抽出していくと、ペーパーに直接湯をかけてはならない理由もよく理解できるだろう（37ページ図表12、13）。

図表 7-1　湯量が少ない場合

図表 7-2　湯量が 8 分目

ポットの取っ手を持つ手の位置は湯の残量により変える必要がある。傾ける角度が少ないほど安定して注ぐことができるためポットに入れる湯量は八分目程度がよい。

図表 8　注ぐ湯柱の角度と高さ

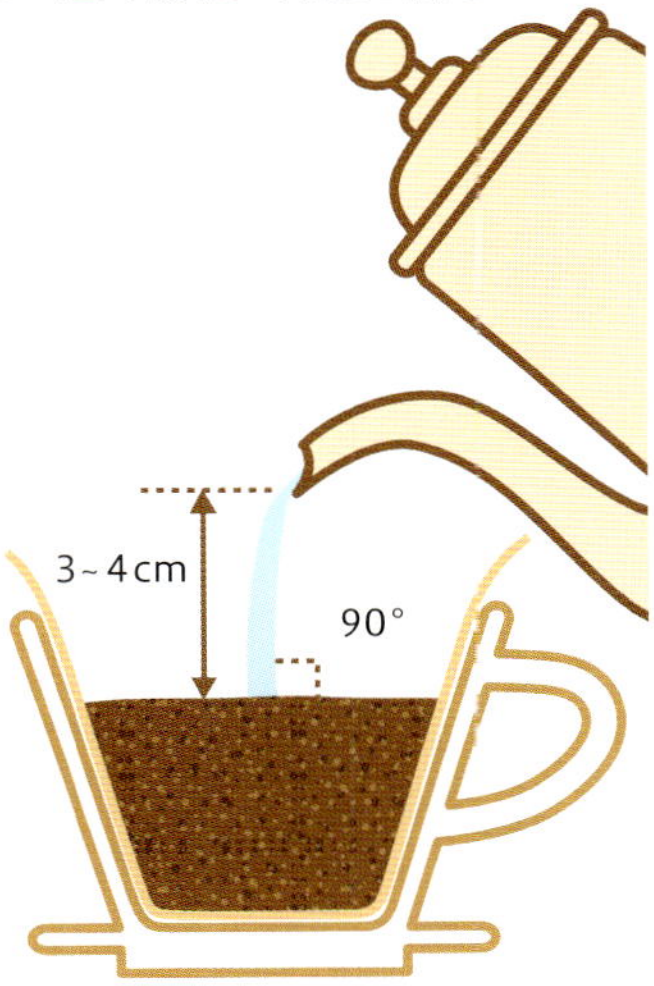

図表 9　注ぐ湯のよじれ

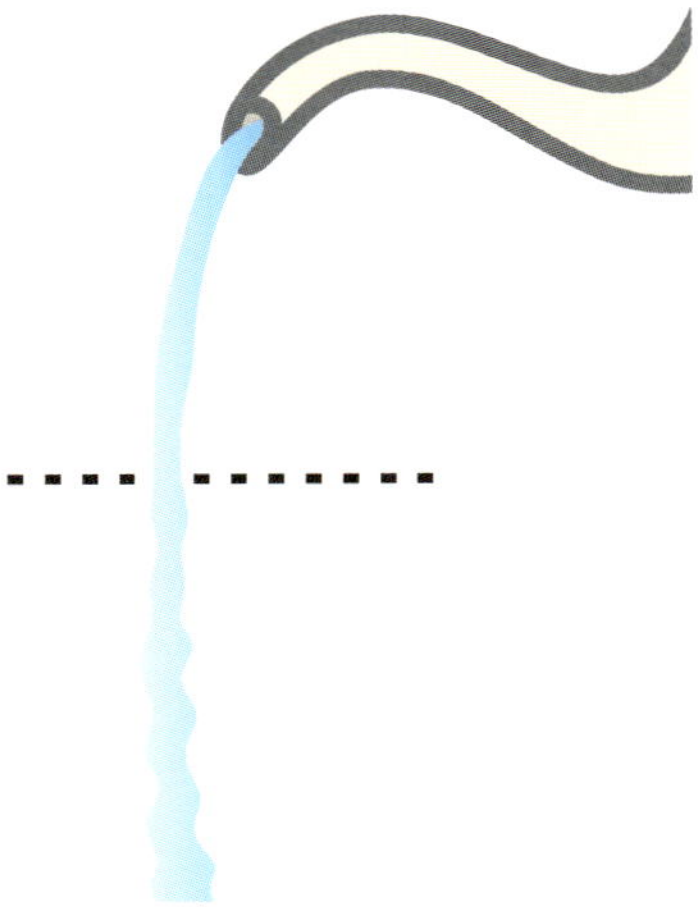

粉面より 3 ～ 4 cmの高さから粉面に対して垂直にのせるようにポットから湯を注ぐ。
ドリッパーに注ぐ湯は空気が混じりよじれる手前の太さが均一なところで注ぐ。

図表 10　「の」の字を書くように

濾過層を均一に保つため、湯は「『の』の字を書くように」ゆっくりと注ぐ。ペーパーに直接かけてしまったり、濾過層の周辺の壁を崩してしまうと、コーヒー粉の濾過層を通らずに湯が通り抜けてしまい、成分を抽出することができず、濃度が薄いコーヒーになってしまう。

図表 11　抽出時のドリッパー断面

湯は注いだところから、遠心状に徐々に広がっていく。最初に「蒸らし」を行い、粉全体に湯が染み込むことで粉が開いて厚みのある濾過層が形成され、コーヒーの成分が出やすくなる。

抽出のプロセス

1投目

ドリッパーに粉を入れ、ドリッパーを静かに揺らして（あまり粉が詰まりすぎない程度に）粉面を平らにする。

粉面より3〜4cmの高さから、少量の湯を細く絞り出すように一定にし、「の」の字を書くようにゆっくりと注ぐ。粉の上にそっとのせるイメージで、粉全体に湯を染み込ませる。この時、ペーパーには直接湯をかけないように注意する。

1

2

3

4

5

全体に湯が染み渡ると粉面がハンバーグ状に膨らんでくる。この状態が「蒸らし」である。

このまま30秒蒸らす。1投目終了時、サーバーに落ちているコーヒー液は数滴から多くても薄く底を覆う程度に留めたい。

6

2投目

蒸らしを終えたら2投目の注湯をはじめる。湯が粉全体に行き渡るよう、「の」の字を書くように注ぐ。ハンバーグ状になった濾過層の縁を崩さないように注意する。新鮮なコーヒー粉ほど、きめ細かな泡が立ち、粉面がせり上がってくるように豊かに膨らむ。古い場合や湯温が低すぎる場合は膨らまずに陥没することもある。極端に浅煎りの場合も泡立ちは少ない。

7

8

9

3投目以降

3投目以降、注湯のタイミングは、粉面の中心部が少し凹み、湯が落ちきる手前で行うのが原則。一度落ちきってしまうと濾過層の復元が難しくなる。コーヒーの成分のほとんどは3回目までの注湯で抽出される。これ以降の注湯は濃度と抽出量の調整と考える。4投目以降の注湯は湯柱を少し太くして、スピーディーに行う。規定の注湯量、サーバーの300mℓの目盛りに達したら、湯が落ちきる前にドリッパーを素早く外す。

10

11

12

13

抽出のポイントまとめ

1 新鮮なコーヒーを使用する
2 適正なメッシュに均一に挽く
3 適正な湯温を保つ
4 十分に蒸らし濾過層をつくる
5 粉の周縁部には湯を注がない
6 抽出後半はスピーディーに行う

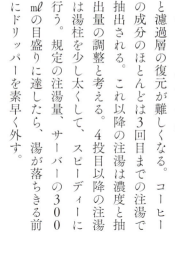

抽出失敗の原因と改善点

抽出ポイントを外してしまうと、失敗につながる。

例えば、鮮度の落ちたコーヒーでは粉が膨らまず十分に蒸らせない。メッシュは粗すぎると湯が速く落ち、細かすぎると目詰まりを起こし抽出オーバー、つまり渋みが強い味になる。メッシュが均一でないと味の成分もばらつきが出てしまい、狙った味を出すことが難しくなる。湯温はコントロールの際にも詳しく見るが、目安ではなくしっかりと計測することが成功のポイントだ。特に濾過層をキープすることは重要で、成分の抽出が不十分なまま湯が落ちてしまい、薄っぺらい味のコーヒーになる。抽出後半は余分な成分の割合が増えるため、スピーディーに行い余分な成分の抽出をおさえる必要がある。

周縁部に湯を注ぐと濾過層が崩れ、適正な抽出ができない。

蒸らしの失敗例① 陥没

中央部分が陥没する、膨らまない時は、まず豆の鮮度が落ちていることが考えられる。また、新鮮であっても湯温が低すぎると同じような現象が起こる。冬場は室温も低いのでドリッパーも湯煎して温め、水分を十分に拭き取ってから使用する。

蒸らしの失敗例② 蒸気が吹き出す

蒸らしの際にプツプツと穴が開き、蒸気が吹き出して割れることがある。煎りたてで炭酸ガスが多い、メッシュが細かすぎる、微粉が多い、湯温が高すぎるなどの場合、空気をうまく逃がし切れない。蒸らしが不十分になりまとまりのない味になる。

図表 12　失敗の原因

ペーパーフィルターとドリッパーが密着すると空気が抜けず、逃げ場を失った空気は粉面から吹き出すことになる。

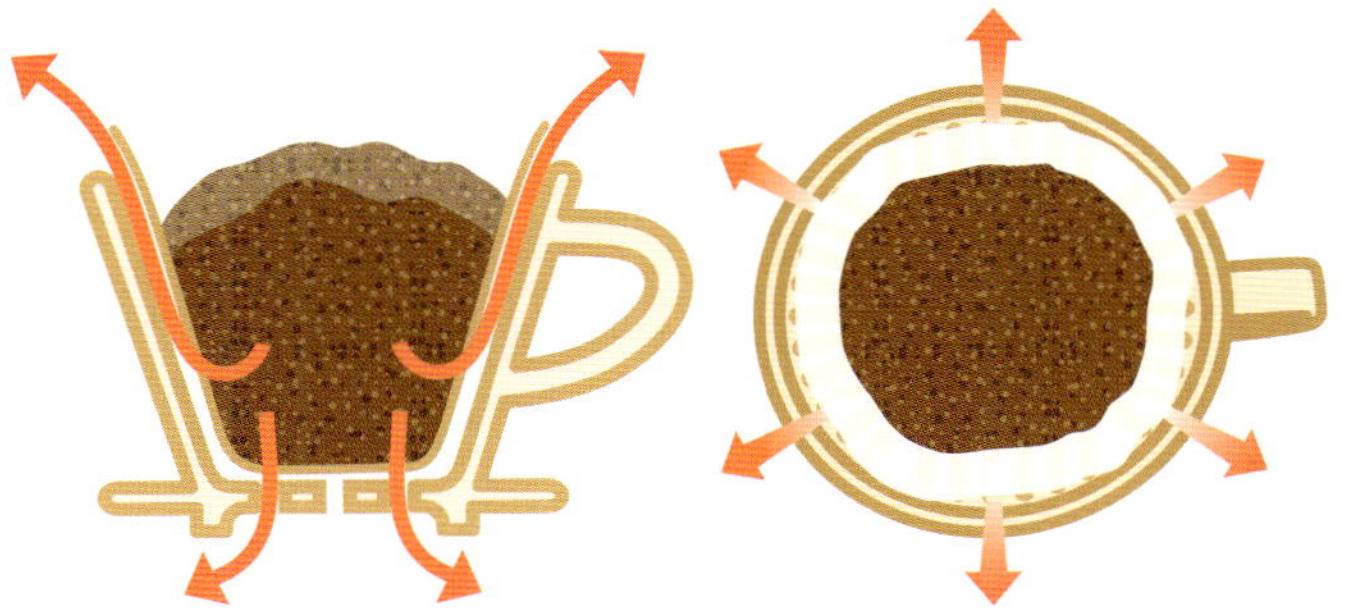

図表 13　リブの役割

ドリッパー内部のリブによって、ドリッパーとペーパーフィルターの間に空気が抜ける通り道ができ、空気が四方に逃げることでハンバーグ状の粉面が保持され、十分な蒸らしが可能になる。

第2章

Chapter 2

味を決める法則

6つの要素で自在にコントロール

抽出で豆の魅力を最大限に引き出すために、
知っておくべき6つの要素がある。
それらの要素がどのように味を決めるのか
その法則を知ることで味のコントロールは意のままになる。
6つの要素を駆使すれば、豆のブレを調整することも、
オリジナリティの高い味を生み出すこともできる。
この章では「味を決める6つの要素とその法則」を極める。

400
ml
APPROX.
3
300
2

Chapter 2

1 コーヒーから抽出される味の成分

抽出の基本を身につけたら、次は条件を変えて味を自在にコントロールしてみよう。基本の抽出でポイントとなっていた要素を微調整すれば、抽出の仕組みを利用して、狙った味を引き出すことができる。味のコントロールは、経験年数が長い人や熟練の技を身につけた人だけができるようになるものではなく、それぞれの要素の仕組みを理解すれば誰にでも可能なのである。

1章で紹介したカフェ・バッハにおいての基本の抽出も、すべてのコーヒーの中で最高の味というわけではない。様々な条件の中から、最もバッハらしい味にコントロールするための条件を独自に編み出したものだ。

この章の目的は、コーヒーの味をコントロールするための「6つの要素」とそれぞれの要素における法則を明らかにし、どのような味の変化が起こるかをひとつひとつひもといていくことである。そして、それらの要素の性質を利用し、組み合わせ、自在に操ることができれば、オリジナルの味を生み出すことができる。

狙った味にたどり着いた時、それぞれの要素がどのような条件であるかを記録しておけば、再現性は限りなく高くなる。

コーヒーから抽出される味の成分と実際の味覚について

狙った味を出すためには、コーヒーの味にどんなものがあるかをまず知っておくべきだろう。本書の1章（23ページ）でも軽く触れたが、コーヒーの味の要素の代表的なものとしては、酸味、キレのある苦味、コクのある苦味、鋭い苦味、わるいおこげ、渋み、甘みなどがある。

味の好みにはもちろん個人差があるが、多くの日本人は「まろみ」や「うまみ」を好む傾向がある。日本人に限らず、韓国、台湾、中国、タイなど、アジア圏では同じような傾向があるようだ。「アメリカは香り重視」「日本は味重視」とよくいわれるように、まろやかで、なめらかな舌触りは、コーヒーだけでなく、お茶などの飲料でも、食事でも、アジアンテイストと呼ばれて親しまれている。和食とともに出汁《だし》が世界に注目され、今や「うまみ」は、世界に共通するおいしさの基準になりつつある。

もちろん、コーヒーにうまみ成分は含まれていないはずだが、「コク」が「うまみ」にも似た味わいを演出する。単調な味ではなく、いくつもの複雑な味がハーモニーを織り成し奥深さを感じる「コク」は、コーヒーの味のよさを左右するものとして重視されている。

苦味や酸味は本能的に警戒する味

味覚には「甘味」「酸味」「塩味」「苦味」「うま味」の5つがある。私たちの舌にそれぞれに対応する受容器があり、味を感知する。なお、渋みや辛みは舌以外の部分で感じる痛覚や温度感覚で、狭い意味の味覚とは違いがある。温度によっても味の感じ方は変化する。

人間がこの世に誕生していちばん最初に口にするのは母乳でありミルクである。そこに含まれるのは「甘味」や「うま味」であり、「塩味」も加えた3つは安全で体に必要なものだという認識が生まれながらにそなわっている。それに対して「酸味」「苦味」は、警戒すべきもの、危険なものとして認識されている。

幼い頃に苦味のある野菜を口に含むと顔を歪めて思わず出してしまうのは、好き嫌い以前に体にとってよくないものと認識するからである。酸味のあるレモンや梅干しに対して唾液が出るのは、酸性に偏ってしまう口の中のpH値を中和するためである。これらは、人間の本能として自然な反応だといえる。

そして、成長とともに味覚も経験を重ね、安全性も確認し、さらなる刺激を求めて様々な味に親しむようになるのである。

コーヒーの主な味は、人間の本能からすれば最も警戒すべき「苦味」だといっていい。しかし、コーヒーの「苦味」には、「まろやかな」「すっきりした」「コクのある」など、様々なポジティブな形容詞がつけられる。実際に、コーヒーを普段あまり飲んでいなかった人が飲んでいるうちに「苦味」の強い深煎りのコーヒーを好むようになるのもよくあることだ。

コーヒーの主な成分はカフェイン？

コーヒーの苦味といえば、何を思い浮かべるだろうか。多くの人は「カフェイン」と答えるかもしれない。ご存じのように、カフェインはコーヒー以外にも茶、チョコレート、ガラナなどに含まれる覚醒作用のある成分である。

カフェインには苦味があるが、しかしコーヒーの苦味はそれだけでは決まらないようだ。

「かつて、コーヒーの苦味はカフェインによるものだと信じられていました。しかし、焙煎を進めれば苦味は増していくのに、カフェインの量は変化しません。そのことから、コーヒーの苦味の正体はカフェインであるということが疑問視されるようになりました。カフェインレスコーヒーが発明されると、カフェインを取り除いても十分に苦味が残ることが明らかになりました。コーヒーの苦味は、カフェイン以外の苦味物質が大きく影響していることが判明したのです。その後、研究が進み、コーヒーの苦味のうち、1～3割をカフェインが担っていると考えられるようになりました。
カフェインは水に溶けやすく、すっきりとした苦味を感じさせます。気持ちをスッキリさせてまた飲みたいと思う薬理的なおいしさにとって重要な働きをしているようです」(旦部氏)

コクのある苦味 キレのある苦味

とりわけよく使われる表現に「キレのある苦味」と「コクのある苦味」がある。つまり、口の中に残る持続時間が短い苦味と、長く残る苦味があるということだ。これについて、旦部氏はこのように解説している。

「コーヒーを飲む時、口に入った液体の大部分はそのまま飲み込まれますが、成分の一部は味を感じるセンサーである味蕾《みらい》や口腔粘膜に留まります。その後、粘膜の上をシート状に覆うように流れる唾液によって洗い流されます。基本的には分子量が小さくて親水性が高い分子ほど速やかに流失すると考えられます。コーヒーの苦味には、分子の大きさの違いや親水性の違いにより、速やかに消える成分からしばらく残るものまで多数存在するため、前者はすっきりとした苦味、後者は後に残る苦味となるのです」

また、苦味の成分だけではなく、ほかの味の要素も複雑に関係してくるという。

「例えば酸味は、もともと水溶性が高く流れやすいことに加え、中和するために唾液を多く分泌させる働きがあります。そのため流失速度全体が高まるのです。結果的に、酸味自身の消失が早まるだけでなく、ほかの成分の消失も早めることになり、酸味の成分が多いとすっきりとした味に感じられます。また、渋み成分は口腔内のタンパク質に結びつくため残留性が高くなります。油脂分はほかの親油性の高い（親水性の低い）成分を溶かし込んで口腔内に長く留まり、ほかの成分とともに消失を遅らせる働きがあると考えられます」(旦部氏)

このように、様々な味の複雑な関係性により、コーヒーの味、正しくは「味の感じ方」は変化するのである。

アジアで重視される「まろみ」の正体

では、アジアで重視される「まろみ」や「まろやかな口当たり」というのはどういう状況なのだろうか。コーヒーは液体であり、とろみもそれほど強いわけではない。

「口の中から味物質がゆっくりと消失していく時、我々は実際の液体がもつ以上の粘性を感じます。逆に、素早く失われる時は粘度が弱いと感じます。多種類の苦味がゆっくりと流れていく感覚から、重厚さや滑らかさを感じれば、ベルベットのような触感を思い浮かべ、まろみがあると表現するでしょう。ある感覚が別の感覚と混同されて認識される『共感覚』という人間のシステムが、同じ粘性の液体にまろやかさを感じさせるのです」(旦部氏)

それと同様に、キレを感じるにも、さらなる効果として、このようなことが考えられるという。
「キレのある味は口の中から速やかに消えることが特徴ですが、それだけではすっきりと感じるだけで、『キレ』を感じるには今ひとつです。苦味のキレを感じるためには、まず不快に感じる寸前のきつい苦味が必要で、さらにそれが素早く消えるという2つの条件を満たさなければなりません。コーヒーの苦味に慣れている人でも、きつい苦味に対してはある種のストレスを感じます。その苦味がすっと消えると同時に、そのストレスが一気に解消されることで爽快さにつながるのです。これがキレの正体だといえると考えています」(旦部氏)
また、コクに関しても、長く残るという滞在時間に加えて、「おいしい味物質の量の豊富さが生み出す濃度感や持続性、味物質全体の種類の豊富さが生み出す味の複雑性が重要です」(旦部氏)と、様々な味の広がりや深みは欠かせない。
つまり、究極のゴールは、狙った味を一種類だけ引き出すのではなく、いくつもの味をどのような配分で引き出し、よいバランスで共存させることができるかということなのである。

コーヒーに欠かせないほどよい酸味

コーヒーに深く携わる人は「良質なコーヒーにはほどよい酸味がある」といい、酸味の重要性を十分に理解している。酸味はコーヒーにとって苦味に次いで重要な要素なのである。しかし、一般的な消費者や、コーヒーをあまり飲み慣れていない人たちには「酸味が苦手」という人も多い。なぜそのような誤解が生じるのだろうか。

ひとつには、「酸味が苦手」という人は「劣化したコーヒーの酸味」を思い浮かべていることが多い。コーヒーは本来、焙煎の過程で浅煎りから中煎りで酸味が最も強く、深煎りになるにつれ消失して苦味が強くなっていくのである。通常のコーヒーを焙煎、抽出したものが嫌な酸味になることはほとんどない。

しかし、ホットプレートで保温し続けたコーヒーや、焙煎後の保存状態が悪くて吸湿した豆、長期保存して劣化してしまった豆を使ったコーヒーは嫌な酸味となる。これは、そもそも豆を適正に保管していないだけで、コーヒー本来の酸味とはほど遠いものである。コーヒーは生豆の段階でほとんど酸味は感じないが、焙煎すると生豆に含まれるショ糖などが分解されて有機酸の量が増え、浅煎りから中煎りにかけて酸味が強くなっていく。コーヒーに含まれる有機酸は、フルーツに含まれる酸と同じものだと旦部氏は解説する。

「コーヒーの生豆に含まれる酸は、生豆の段階で含まれているものにクロロゲン酸、クエン酸、リンゴ酸があり、焙煎の過程で生じるものにキナ酸、カフェー酸、酢酸などがあります。このほかに脂肪酸類やリン酸なども含まれます。渋みが強めのカフェー酸やクロロゲン酸を除けば、様々なフルーツの酸味物質としてよく知られるものが多いのです。リンゴ酸は名前の通り完熟手前のリンゴのようなシュッとした収斂味をもった酸味、クエン酸は柑橘類のような酸味をもっています。酢酸は食酢の主成分です。低濃度ではまろやかな酸味に感じられ、様々なフルーツに含まれます。キナ酸はクエン酸とともにキウイフルーツなどに多く含まれます」

　コーヒーで感じる酸味は、クエン酸や酢酸が中心で、そのほか生豆に含まれる様々な酸との組み合わせにより複雑な酸味となる。また、温度が低くなると苦味と甘みは感じにくくなり、酸味は感じやすくなる傾向がある。抽出して時間が経つと、同じコーヒーでも酸味を強く感じるのはそのためである。

　さらに、これらのいくつもの味の濃度感が「コク」となり、ボディとなって深みを増していく。

「コク」は、味の複雑性と味の持続性が要因となって生まれてくる。旦部氏はコクに関してこのように語ってくれた。

「最初に感じたひとつの味だけであれば『こんな味だな』と見切りや予想がつきますが、後から異なる味を感じると、『あれ？』という驚きが生まれます。成分が複数含まれていると、それぞれの成分が口中でどのように唾液に流されるかで、感じる味が変化していくのです。そうすると、味の奥深さを感じ、このコーヒーには『コク』があると認識するのではないかと考えています。つまり、『コク』は、単なる成分の複雑性だけでなく、その持続性や味を感知する時間にも関係します。成分の複雑さに対して、我々の頭の中でどのように認識しているのかというところまで考えなければならないのです」

存在しない甘み成分 コーヒーの甘みの正体は？

　コーヒーの味を評価する際、「フレーバー」という言葉が使われる。コーヒーを口に含み、鼻に抜ける香りと味を総合したものをフレーバーと呼んでいる。フレーバーとは日本語でいうところの香味、つまり、「香り（アロマ）＋味（テイスト）」である。フレーバーとして表現される香り（アロマ）は、口の中から鼻に抜ける口中香のことである。コーヒーは鼻先で感じる香りよりも口から鼻に抜ける香りが豊かだ。

　良質なコーヒーにはほんのりと甘い香りが漂う。「後味が甘い」という表現をする人も多い。消費者からも、「甘いコーヒーが好き」という声が聞こえる。しかし、実際には、抽出時のコーヒーの成分には甘みはほとんど残っていないといっていい。これについては旦部氏はこう解説する。

「もともと生豆に含まれるショ糖の量は少なく、浅煎りの時点までにはほとんどが熱分解され、焙煎が終わると甘みとして感じる濃度は残っていません。また、ショ糖以外の甘み成分もコーヒーからは見つかっていないのです。コーヒーの甘みが実在するかどうかは疑問視されてきました」

　しかし、実際にコーヒーを飲むと、浅煎りから中煎りではこがし砂糖（綿あめ）のような甘い香り、それよりも少しスパイシーなキャラメルやメープルシロップのような甘い香りなどを感じる。そして、香りだけでなく、同様の味がするように感じるのだ。これについては、まろみの解説でも登場した「共感覚」によるものではないかと旦部氏は述べている。

「コーヒーにはフラノン類と呼ばれる香り成分が含まれています。コーヒーの甘さは、これらによる風味だと仮定すると説明がつきます。これらは、糖類が加熱されて生まれる成分で、食品に着香料として使用されることがあり、水に混ぜて口に含むと甘さを感じますが、鼻をつまむと甘さが失われてしまいます。口中香として鼻に抜ける甘い香りが『共感覚』を生み出し、総合的な風味としての甘さを感じさせるのでしょう」

コーヒーの甘み成分については正体ははっきりしていないが、旦部氏の説から、香りによって感じる甘さだとすれば、温度変化や淹れてから時間が経ってしまったコーヒーは甘く感じなくなり、酸味が強くなることもよく理解できる。

抽出時に出る泡はコーヒーのアク

コーヒーには味を豊かにする苦味、酸味、甘みだけでなく、「渋み」も含まれる。コーヒーにおける「渋み」はネガティブな味として捉えられている。日本では柿渋や茶などに含まれるタンニンが渋み成分として知られている。旦部氏によると「渋みは苦味と共存することで相乗的に増強されてしまう」という。

つまり、コーヒーにおいて「渋み」は雑味であり、「アク」の代表と捉えてよいだろう。

コーヒーのアクは泡に集まりやすい。泡を舐めてみると不快な渋みを感じる。ドリップで抽出する際、ドリッパーの泡が落ちきる前にドリッパーをサーバーから外すのも、「アク」を抽出液に入れないようにするためだ。

しかし、エスプレッソでは「クレマ（泡）がおいしさのもと」といわれる。泡が取り除くべきものかというとそうでもないのである。そのヒントは「脂質」や「焙煎度」にあるようだ。

コーヒーにはわずかだが「脂質（オイル分）」も含まれている。焙煎した豆を保管しておくと、表面にテカテカと油が浮き上がってくる。これがコーヒーに含まれる「脂質」だ。

「深煎り豆には界面活性作用のある成分が多く含まれています。エスプレッソの泡は、空気を含んだ泡なのでクリームのように口当たりが軽く、界面活性成分が集まって泡を安定させています。エスプレッソの場合は脂質も多く抽出され、泡に渋み成分と一緒に集まってきます。脂質はコーヒーの味や香りの成分を舌に留めてくれる役割もあるのです」（旦部氏）

また、さらに嫌な渋みを減らすには、コーヒーに添えられるクリームや牛乳なども活躍している。

「渋み成分は、クリームや乳製品などに含まれるカゼインなどの乳たんぱく質と結合する」（旦部氏）ため、コーヒーにクリームなどを入れることで渋みが減るように感じられる。苦味の強いエスプレッソに泡立てたミルクをたっぷりと入れたカフェラテは、苦味が抑えられてまろやかになり、格段に飲みやすくなるのである。

Chapter 2

2 味を決める6つの要素

コーヒーの味をコントロールするための「6つの要素」について、ひとつずつ見ていくこととしよう。

6つの要素のうち、焙煎度を除いた5つ（粉のメッシュと分量、湯の温度、抽出時間と抽出量）が抽出に関連する。

抽出時には様々な条件を微妙に調整する必要がある。正確に計測すれば必ず一定に保てるものもあれば、狙い通りに安定させることは難しいものもある。コーヒーの粉の分量、湯の温度、抽出量に関しては数値さえ決めれば比較的容易に再現できる。しかし、粉のメッシュはミルの精度に左右される。ドリップで最もコントロールが難しいのは抽出時間である。湯を注ぐ時のリズムやテンポが抽出時間に影響するからだ。

コーヒーの味を決める6つの要素

a 焙煎度
b 粉のメッシュ
c 粉の分量
d 湯の温度
e 抽出時間
f 抽出量

また、味のコントロールをするためには、味にブレが出る可能性があるこのほかの要素も極力排除することだ。

基本の抽出でもおさえたことだが、絶対に外してはならないのは、煎りたての新鮮なコーヒーという条件である。焙煎後2週間以上経っていたり、保管環境が悪く、劣化した豆、酸敗寸前のコーヒーは湯のキープ力が弱く、その場合には90℃以上の高い温度でなければ味も香りも出ない。

また、ペーパーフィルターに関しても紙の性質として周囲のにおいや湿気を吸収しやすい。一度開封したフィルターは、そのまま引き出しに入れたり、棚などに出しておかず、密閉できる容器に入れて保管したい。香りは味に影響する大きな要因になる。管理に気を配り、年数が経ったものは使用しない。

使用後のドリッパーやサーバーなどの道具も、すぐに中性洗剤で洗って布巾などで水気を拭き取る。コーヒーの渋を残さないようにし、常に清潔に保つことだ。ミルなどは定期的に掃除して微粉が入り込まないようにする。ミルに残った微粉は酸化し、味に大きな影響が出る。道具を清潔に保ち、準備と使用後の洗浄、メンテナンスを怠らないことは大前提である。

a ― 焙煎度

コーヒーの味において、最も大きな影響を及ぼすものが焙煎度である。焙煎はコーヒーの味の大半を決めるといっても過言ではない。焙煎により生まれた大きなブレは抽出でカバーすることは難しい。狙う味の焙煎度の豆を決めるところから、コントロールははじまっている。

コーヒーの味は産地銘柄よりむしろ、焙煎度の違いなのであると『珈琲大全』でも述べたが、産地銘柄による味覚の特性は、同じ焙煎度という条件下で比較した場合にはじめて立ち上がってくるものである。「フルシティ（中深煎り）のコロンビア」のように、焙煎度とセットで「ある味」が規定される。

モカは酸味が持ち味といっても、深く煎れば酸味は消えて苦味が出る。苦味が個性のマンデリンも浅く煎れば酸味がきつくなる。

焙煎度は様々な分け方があるが、一般的には4～8段階くらいに分けられる。

浅煎り　**ライト／シナモン**
中煎り　**ミディアム／ハイ**
中深煎り　**シティ／フルシティ**
深煎り　**フレンチ／イタリアン**

実際にコーヒー豆を煎るとわかるが、この分け方には「ハゼ」のタイミングが関係している。ハゼとは、豆が加熱され、収縮・膨張して弾けることをいう。ハゼが起こることで豆は大きく膨らむ。「ライト」は1ハゼの手前、「シナモン」は1ハゼの中間、「ミディアム」は1ハゼが終わった時点、「ハイ」は豆のシワが伸びて香りが変化する手前。「シティ」は2ハゼまで。「フルシティ」は2ハゼが終わる頃。「フレンチ」は黒みに茶色が残る段階、「イタリアン」は茶色が消えて黒くなる段階である。

最適の焙煎度は豆によって異なる。どの焙煎度が最適であるかは、実際にはそれぞれの生豆をひと通りイタリアンローストまで煎り上げ、決められたローストの段階で味をチェックし、その豆の個性を最大限に引き出せるベストポイントを探り、焙煎度を決める必要がある。自家焙煎するのであれば、もう一度焙煎の技術とシステムを学び、手間を惜しまずに実際にやってみてほしい。

焙煎する人間やその店の考え方により、その基準は微妙に異なるため、焙煎豆を購入する場合には、生豆の味を十分に引き出す焙煎度をどのようにして決めているかを購入の際に尋ねてみるとよい。生豆の個性と焙煎度の関係を理解した上で最適の焙煎度を決めているところから仕入れることをお勧めする。

参考までに、バッハコーヒーでの焙煎度の目安とその分け方を次ページに紹介する。豆の大きさは実物大であり、色みもできるだけ実際に近いものが再現されているので一つの目安にしてほしい。バッハコーヒーでは浅煎り、中煎り、中深煎り、深煎りの4つの焙煎度に分けて展開している。

	中深煎り	深煎り		
 シティロースト	 フルシティロースト	 フレンチロースト	 イタリアンロースト	焙煎度
柑橘類のような爽やかな酸味とともに、苦味のウエイトも重くなり、スパイス香なども立ってコーヒーの味わいが豊かになってくる。コーヒー豆の色も深みを帯びてくる。	酸味と苦味がほぼ同じウエイトでバランスが抜群によい。コーヒーが最も豊かな味わいになる。豆の色もぐっと深くなり、焙煎から日が経つと表面に油が滲み出てくるのも特徴。バッハブレンドもこの焙煎度。	酸味が残りながらも苦味がぐっと強く立ってきて、コク深い重厚な味わいになってくる。コーヒー豆の色も、黒みの中に茶色が残っている。チョコレートのような香りも増していく。バリエーションコーヒーに使用。	茶色が消えてほぼ黒くなり、表面には油が滲み出てツヤがある。しっかり焼ききることで、香ばしさや苦味は強いが酸味はほとんど感じられない。のどごしよくキレがある。バリエーションコーヒーに使用。	特徴
				味の変化

図表14　コーヒーの焙煎度と味の変化

	浅煎り			中煎り
焙煎度	 ライトロースト	 シナモンロースト	 ミディアムロースト	 ハイロースト
特徴	焙煎度が最も浅く、生豆由来の渋みや嫌なえぐみが強い。まだコーヒーらしい香りや苦みなどはなく、おいしく飲むには向いていない。焙煎や豆の特徴をテストするために使われる。	ライトローストから少し焙煎が進むが生豆の渋みやえぐみが強く、苦味や強い酸味はまだ出ていない。コーヒーとしておいしく飲むには不向き。主に焙煎や豆の特徴をテストするために使われる。	コーヒーらしい味、とりわけ香りが立ってくる。心地よい酸味と柔らかなコクをもち、味わいはソフトで軽やか。コーヒー豆も淹れたコーヒーの色も明るい。コーヒー入門者におすすめ。	豆のシワがのび、香りが変化する手前の焙煎度で、ミディアムローストより全体に力強い味わいに。フレッシュフルーツのような綺麗な酸味とバターやキャラメル、メープルシロップ、バニラのような香り。
味の変化				

ここに掲載した豆は実物大で、できるだけ現物に近い色に印刷しているが、これはカフェ・バッハの中での分類の基準である。コーヒーの焙煎度には厳密な規定がなく、店や焙煎するメーカーによりオリジナルの目安があるに過ぎない。

それぞれの「特徴」の項目を読みながら、その下の「味の変化」のグラフを見てもらうとわかるように、酸味は中煎りあたりがピークとなり、苦味は焙煎度に比例して増していく。その酸味と苦味のバランスにより、甘みの感じ方も変化する。

カフェ・バッハでは、この中深煎りあたりが、酸味と苦味のバランスが最もとれており、甘みも感じやすいことから、メインとなるブレンドの焙煎度を中深煎りに設定している。

コーヒーの生豆にはタイプによって焙煎度の向き不向きがある。『珈琲大全』で、コーヒー豆を4つのタイプに分類した。そして、そのタイプごとにどの焙煎度に向いているかを下のような相関図にまとめた。これである程度目安をつけ、その前後の焙煎から絞り込むことが可能となった。

A~Dタイプの特徴

A　含水量は少なく、全体に白っぽい色で成熟度が非常に高い。豆の大きさは様々だが扁平で肉薄。豆の表面に比較的凹凸が少なくつるりとした感触をもつ。概ね低産地~中産地のものが多く、酸味が少なく香りも少ない。火の通りがよい。浅煎り~中煎りに使用しても極端に酸っぱくなることはない。深煎りにすると気の抜けた平板な味になる。浅煎り~中煎りが好ましい。

B　使い勝手がよいタイプ。少し枯れた感じで表面に幾分凹凸がある。低産地~中高産地のものが多く、浅煎り、中煎り~中深煎りにも使える。あえて深煎りにして飲みやすい入門的なコーヒーにすることもある。浅煎りにするには渋みが出やすいので注意。

C　中高産地のものが多い。肉厚の豆で表面に凹凸は少ない。汎用性が高く、BタイプとDタイプへの互換性がある。コーヒーの味と香りが最も豊かな中深煎りが最適。特に香りに優れ、複雑精妙さと洗練された味を併せ持つ。

図表15　豆の4タイプと焙煎度

焙煎度＼タイプ	D	C	B	A
浅煎り	×	△	○	◎
中煎り	△	○	◎	○
中深煎り	○	◎	○	△
深煎り	◎	○	△	×

豆をA～Dの特徴ごとに4つのタイプに分けた時、それぞれの持ち味がどの焙煎度で最大限生かされるかをまとめた相関表。◎は基本的によく合う焙煎度であり、○は合う、△はまあまあ、×は合わない、を表している。

D　高産地の大型、肉厚タイプ。肉質は硬く表面に凹凸がある。火の通りは悪く、強い酸味をもつ。中深煎り~深煎りに適しており、スモークフレーバーを楽しみたい人向き。深煎りにすると味が単調になるが、AやBタイプにはない濃厚感を十分に楽しむことができる。

焙煎度による味の変化

焙煎度に注目すると、狙った味を出すためには、それぞれの豆のタイプに合った適正な焙煎がなされているかどうかを確認し、それぞれの焙煎度による味の特徴を確認しておくことが重要だ。逆にいえば、焙煎の知識を十分にもった信頼できる仕入先から仕入れた焙煎豆なら、その焙煎度の狙った味をうまく引き出すことができるということである。48～49ページの「コーヒーの焙煎度と味の変化」の関係を頭に入れておけば、大まかな味はイメージできるだろう。

大きな味の変化としては、酸味は焙煎度が浅いほうが強く、中煎りをピークに落ちていく。また、苦味は中煎りから徐々に増えていき、深煎りまで右肩上がりに強くなる。この2つの主な味のバランスによって味わいはほぼ決まる。

豆を購入する場合も、自家焙煎の場合も、生豆の種類と焙煎度の関係はピンポイントでなく幅広く対応できる豆もあるので、実際に抽出してカップテストするのがいちばんの方法である。ここまでの理論を頭で理解した上で、頭でっかちにならないように実際に味覚で感じることも必要だ。

この本の巻末に、カフェ・バッハ方式の抽出したコーヒーのカップテスト方法を紹介している。シンプルな評価シートも紹介しているので、実際に抽出してカッピングし、焙煎による味の変化を体感してほしい。実際に感じた味を記録し、比較することで新しい発見があるはずだ。

浅煎りの注意点

焙煎度にもやはり流行があり、新しい店は流行りの味をメインに取り扱うことも多い。今、サードウェーブ系の店では浅煎りが注目されている。

浅煎りの豆は苦味がほとんど感じられないため、酸味がメインの味となるが、豆から引き出される本来の酸味を焙煎で適正に引き出すことはかなり難しい。煎り時間が短いため、豆の中心まで火が通っておらず、胸焼けのするような酸味を感じることもある。それは明らかにストライクゾーンを外してしまっている。浅煎りだとしても、しっかり豆の中心まで火が通った浅煎りなら、胸焼けのする酸味ではなく、本来の酸味を楽しむことができるだろう。そこは注意深く焙煎豆を選んでほしい。

また、適正な浅煎りだとしても、抽出時にも十分な注意が必要だ。浅煎りは粒の密度が高いので沈殿しやすく、抽出スピードが遅くなる傾向がある。ある時、競技会で、沈殿すると目詰まりが起きるので、攪拌して落とすという荒技が登場した。つまり、ドリップにもかかわらず、透過式ではなく浸漬式に近い状態になってしまっているということだ。

抽出スピードが遅くなると渋みも出てしまうため、なるべく速く落としたい。だとしたら粗く挽き、落ちるスピードの速い円錐型などのドリッパーで高い温度でさっと落とすことだ。余分な渋みは出ずに早めに抽出されるはずだ。そうしたコントロール法をこの本で学んでほしいと願う。

b──粉のメッシュ

序章では、おいしいコーヒー、つまりよいコーヒーの条件として4つの条件の最後に、「挽きたて、淹れたてのコーヒー」というものをあげた。

コーヒーは豆のまま保存し、抽出する直前に粉に挽くのが原則だ。それは豆の鮮度を保つためであり、新鮮なコーヒーでなければ抽出時に十分に膨らまないのである。粉に挽くと表面積が増大し、炭酸ガスが抜けるスピードが増すからだ。同時に香りもみるみる失われてしまう。

豆を挽く時には、ミルを使用する。細かく砕けばよいだろうということではない。粉のメッシュ（粒度）の大きさは、抽出成分に大きな影響を与える要素のひとつである。

メッシュが細かければ粉の表面積は大きくなるため、抽出される成分も多くなる。すると、液体の濃度は濃くなり、苦味も強くなる。逆にメッシュが粗ければ、粉の表面積は小さくなり、抽出される成分も少なくなる。当然、濃度は薄くなり、苦味は弱まる。苦味が弱まれば酸味が顔を出す。

また、メッシュは後出の条件、抽出時間にも影響を及ぼす。メッシュが細かいと、ほかの条件を同じにしても、抽出時間は長くなる。粗い粉の間を通り抜けるのと細かい粉の間を通り抜けるのでは、後者のほうが時間がかかるのは想像できるはずだ。抽出時間が長くなると、全体の濃度が上がるとともに、本来は抽出したくない成分まで出てしまう可能性が高い。

豆を挽く際の最も重要なポイントは4つある。

1　メッシュを均一に挽く
2　微粉を出さない
3　熱を発生させない
4　抽出法に合ったメッシュに挽く

実際の抽出作業はまさに豆を挽くところから始まっている。「挽きたて」が原則だとはいっても、あまりにメッシュが不揃いで微粉だらけになるくらいなら、豆を買う時に業務用のよいミルで挽いてもらい、できるだけ早く飲みきることを考えたほうがよい場合もある。ひとつひとつの理由と解説を理解してほしい。

1　メッシュを均一に挽く

メッシュにばらつきがあると、後出の湯の温度などによるコントロールをしても、湯に溶け出す成分を狙ったものだけにすることは難しくなる。コーヒーの味も濃度もまだらになってしまうのだ。ミルを選ぶ際には均一に挽けるかどうかに注目して選んでほしい。

ミルは歯の部分の構造から、ブレードグラインダー、バーグラインダー（フラットカッターまたはコニカルカッター）、ロールグラインダーに大別される（55ページ図表18）。ブレードグラインダーは電動式でも安価で入手しやすいものが多いが、

細挽き（4.0）

中挽き（5.5）

粗挽き（7.5）

カフェ・バッハで使用している業務用ミル（ディッティング社ディスクカッター KR804）で挽いた細挽き、中挽き、粗挽きそれぞれの実物大写真。ミルに表示されている目盛りはメーカーにより微妙に異なるため、どの目盛りでどのくらいの大きさに挽くことができるかは確認しておく必要がある。

図表 16　業務用ミルで挽いたコーヒー粉の粒径分布

挽き方	ミルの目盛り	粒径分布（%）												
細挽き	4.0	2.3	1.1	2.7	5.7	14.5	24.5	27.3	14.9	7.1				
中挽き	5.5	8.6			3.2	6.2	10.2	16.3	17.3	15.3	10.1	12.7		
粗挽き	7.5	8.3				9.4		9.5	12.0	14.5	14.6	13.4	7.8	10.6

0　0.5　1.0　2.0
粒径（mm）

「均一に挽く」とはいっても、実際に調べると、粉の大きさには必ずある程度のばらつきが存在し、粉の直径（粒径）ごとの分布は右図のような山型を描く。

この山が高くシャープなほど均一なことを示し、細～中細挽きの時、高性能な業務用ミルは山が高く、裾野がほぼ左右対称になだらかに広がる（ただしミルの構造上、粗挽きにすれば分布は広がり重心はやや左寄りになる）。微粉が多いと 0.5mm 以下の領域に重心が偏って、ゆがんだ分布になる。

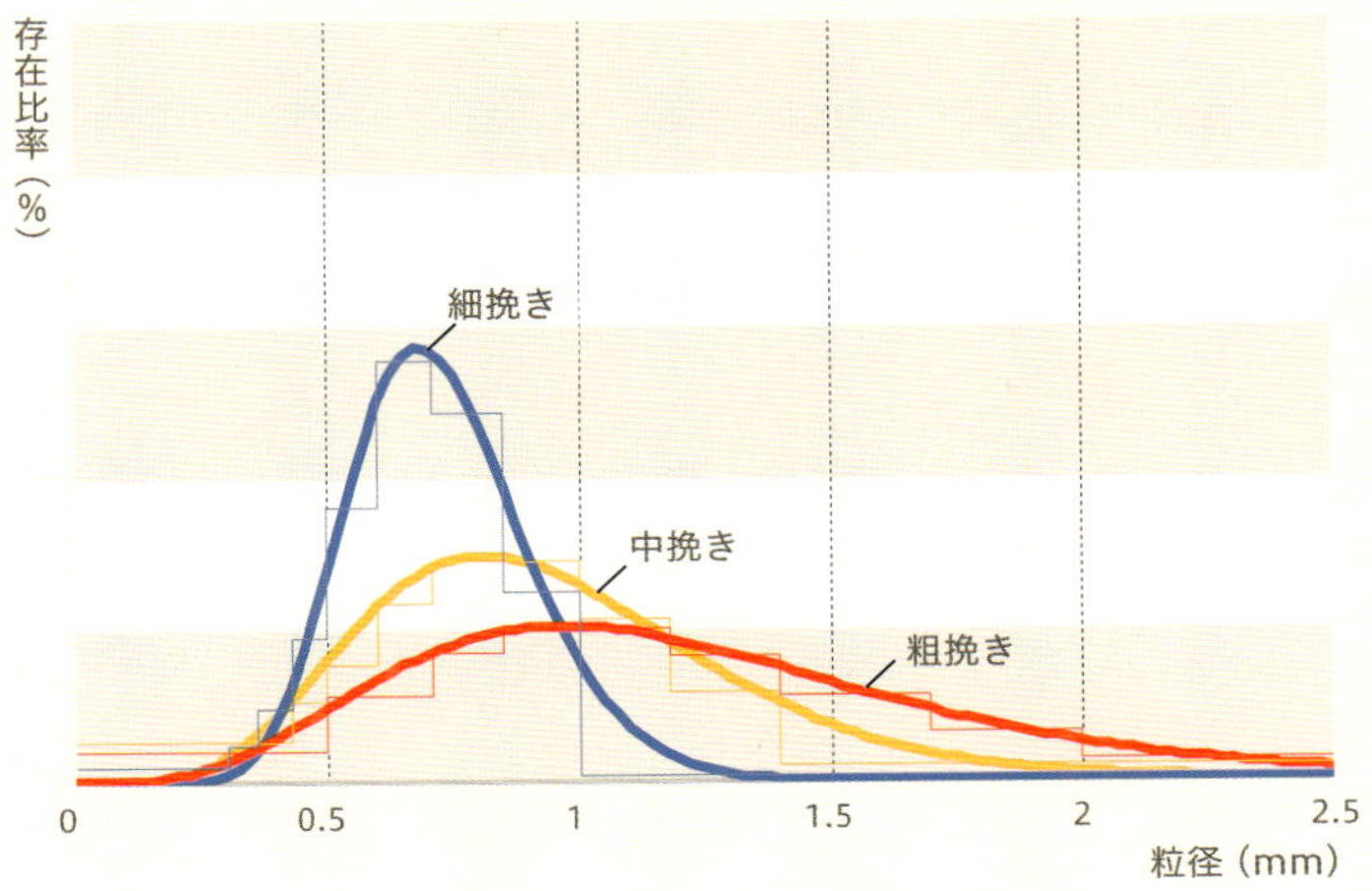

※ディッティング社ディスクカッター KR804 使用

一定以下の大きさになった粉を途中で送り出す仕組みがないものも多く、その場合は微粉が増えたり、メッシュが不均一になりやすい点に注意が必要だろう。家庭用の手回しミルや業務用の電動ミルの大部分はバーグラインダーであり、きちんとメンテナンスして使えば十分な性能を発揮する。なおロールグラインダーはメッシュが均一に挽けるが非常に高額で、大企業の焙煎工場などで使われている。

業務用のミルは刃の材質も耐久性が高いものが多いが、微粉の除去とともにミルの刃も定期的に点検し、メッシュにばらつきが見られるようになったり、刃先が目視ですり減ったりしているようなら、刃の交換や研ぎ出しの必要がある。

2 微粉を出さない

微粉は、メッシュといえないほどの非常に小さな粒で、豆が砕ける時にどうしても発生してしまうものだが、コーヒーの味に悪影響を与え、不快な苦味や渋みを抽出してしまうことにつながる。できるだけ微粉は少ないほうがいい。

さらに厄介なのは、ミルの内部に微粉が付着してしまうことだ。どれだけ新鮮な焙煎豆を用意しても、いつのものだかわからない微粉が付着したまま酸敗していれば、煎りたて挽きたての豆を使用する意味が全くなくなってしまう。

微粉を出さないためには、微粉が発生することができるだけ少ない高性能のミルを使用すること、ミルについた微粉はその都度除去すること、そして、それでも微粉が出てしまう場合には、挽いた後のメッシュを均一にするために、茶こしなどで微粉を取り除くことなども有効だ。

微粉混じりのコーヒーは濾過の際にも支障をきたす。微粉が多いと、ペーパーフィルターを通過できる湯の流量が少なくなり、抽出時間も長引くため、一般に雑味との分離が悪くなる。また、ペーパーの層に入り込むまでのコーヒー粉の層の中でも、粒と粒の隙間に微粉が入り込み、目詰まりを起こす可能性が高まる。石垣などを見ると大きな石の間を小さな石で埋めていることがよくわかるが、まさに同じ状態となってしまうのである（図表17）。

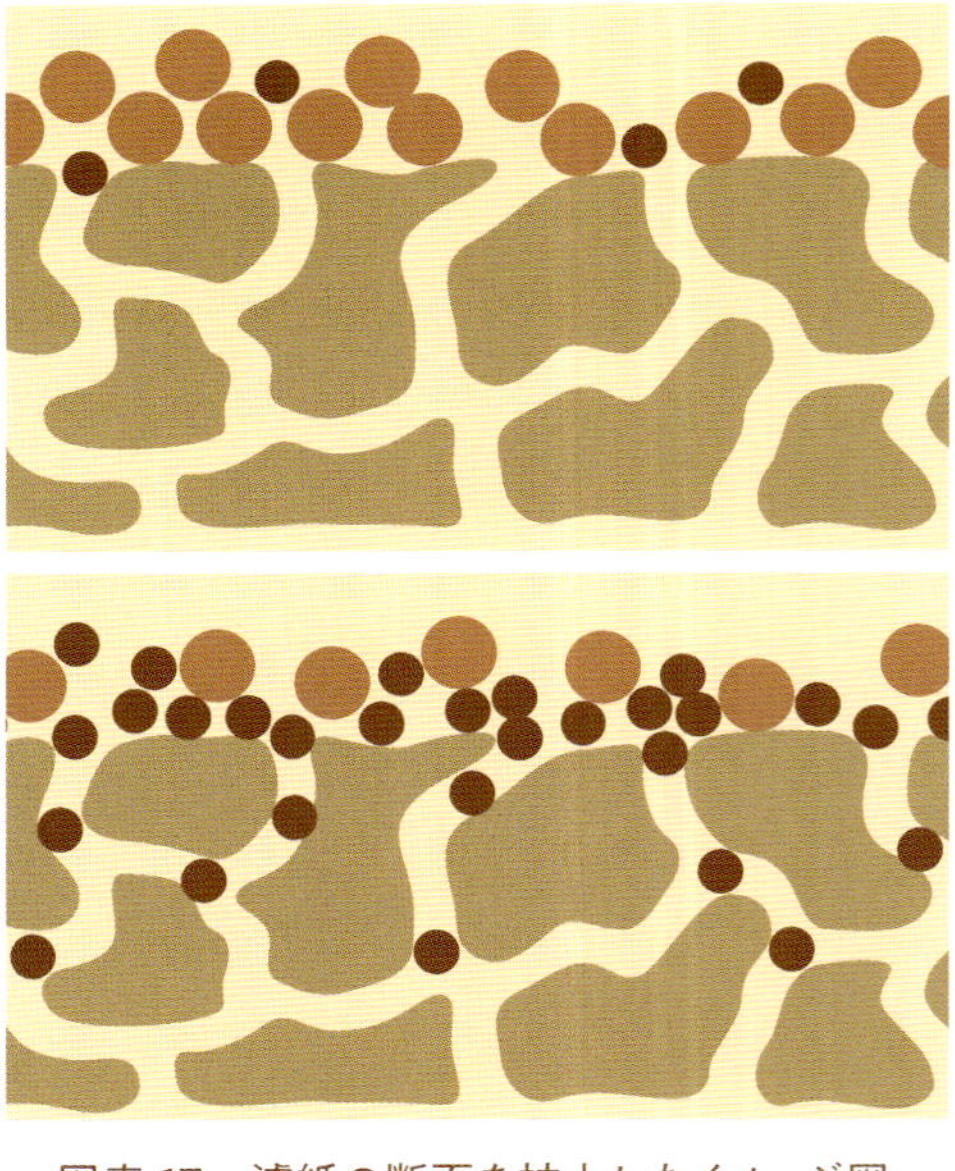

図表 17　濾紙の断面を拡大したイメージ図

（上）微粉が少ない場合／湯の通り道が広くスムーズに透過する。（下）微粉が多い場合／微粉が湯の通り道を塞ぎ、目詰まりを起こしやすい。
※大小の●はコーヒーの粉を表す。

図表18 ミルの構造

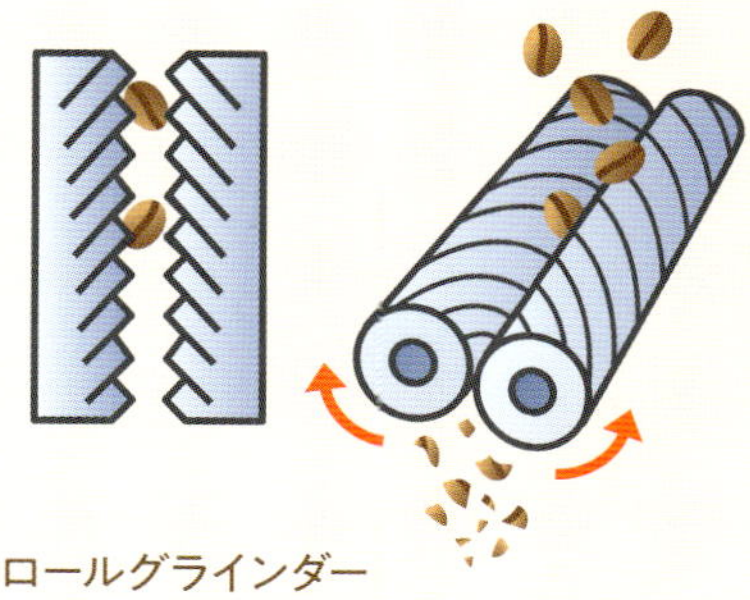

ロールグラインダー

均一に豆を挽くことができ、熱の発生が少ないので長時間使い続けることができる。耐久性の高い歯を使っていることが多く高額。主に工業用。

バーグラインダー／フラットカッター

家庭用、業務用の電動式ミルに多い形式。歯と歯の隙間を調整して粒度を決める。歯の材質もステンレスやセラミックなどがあり、値段も幅広い。

バーグラインダー／コニカルカッター

手動のミルに多いのがこのタイプ。ネジの調整などで無段階に調整できる。手動のミルでは極細挽きができないものが多いが、エスプレッソ用の電動ミルにも多く見られる形状である。

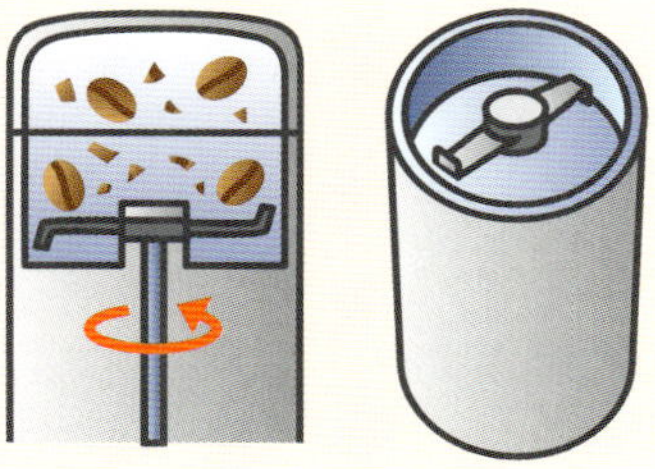

ブレードグラインダー

２枚の羽根を回転させてカットする。家庭用として最も手軽に安価に入手できるが、メッシュを均一にすることが難しい。微粉が増えてしまう可能性も高い。

ミルの選び方

ミルには家庭用から業務用まで様々なものがあり、価格帯もかなり異なる。家庭用の簡易なグラインダーなら数千円〜、業務用の数十万円のものまで幅広い。ここまでにあげた条件をクリアしているミルが望ましい。業務用なら、テストを重ね、材質なども熱を発生させず劣化しにくいものを使用している。さらに、どうしても出てしまう微粉さえも粉砕途中でバキュームで吸い取り、除去してくれるものもある。プロとしての抽出を目指すなら、上図でカットの方法を確認した上で、それぞれの器具の性能を詳細に確認し、精密なミルを使用したい。

3　熱を発生させない

ここでいう熱とは、粉砕による摩擦熱である。粉砕時に発生する熱が大きいと、味や香りを著しく損なう。家庭用のミルで少量の豆を短時間で挽く場合にはそこまで気にする必要はないが、大工場の場合や、自家焙煎店でもミルを長時間連続で挽き続ける時には問題になることがある。ある程度インターバルをおいて使うようにするとよいだろう。

4　抽出法に合ったメッシュに挽く

これまでに示した法則を考えると、抽出器具によって適したメッシュの関係が見えてくる。

例えば、エスプレッソコーヒーなら、深煎りのコーヒー豆を細挽きにしてエスプレッソマシンで短時間に少量だけ抽出する。できあがったコーヒーは苦味の強いコーヒーである。同じコーヒー粉でペーパードリップを使うと、フィルターは目詰まりを起こし、注いだ湯が下に落ちていかない。抽出時間はコントロールできなくなり、長くなってしまい、過剰抽出となる。だからといって超粗挽きでは、おいしさとなる成分を十分抽出しきれないうちにあっさりと湯がサーバーに落ちてしまう。ペーパーフィルターの場合、基本的には、中挽き〜中粗挽き程度のメッシュが最適と考えられる。

このように、それぞれの抽出器具にはその器具に合うメッシュがある。メッシュによってコントロールする場合には、これを念頭に置いた上で、焙煎度や粉の量などとバランスをとりながら微調整することが望ましい。

抽出法に合ったメッシュを考えると基本的には次のようになる。これらをベースの考え方として微調整するとよい。

細挽き　イブリック（微粉末）、直台式エスプレッソ、エスプレッソマシン（極細挽き）
中挽き　ペーパードリップ、ネルドリップ、サイフォン
粗挽き　ウォータードリップ（超粗挽き）、パーコレーター（極粗挽き）

ちなみに、イブリックというのはトルコ式コーヒーに使われる器具で、長い柄のあるひしゃくのような形をしている。そこにコーヒー粉と水、砂糖を同時に入れて火にかける、いわゆる煮出し法の抽出器具である。

トルコ式コーヒーやエスプレッソで深煎りコーヒーを使う理由はもう一つ存在する。深く煎った豆ほどもろくなり、その分細かく挽きやすくなる。

コーヒー専用のミルにはお国柄があり、エスプレッソを主に好むイタリアでは、通常は深煎りの砕きやすい豆を挽くことが目的であるため、浅煎りの硬い豆を粉砕すると故障してしまうものもあった。日本ほど幅広い焙煎度と様々なメッシュを使いこなす国も珍しい。

これらの1〜4の重要ポイントを踏まえて、改めてメッシュが味にどう影響するかをまとめたのが図表19〜21だ。

メッシュが細かくなると粉の表面積が大きくなり、成分が溶け込んだ油層が直接、湯に触れやすくなる。このため粉の表面から中心部分よりも先に大量の成分が抽出されるが、特に苦味成分の増加が顕著になる。このため濃度全体が濃くなるだけでなく、味のバランスも苦味が強い方へと変化する。

6つの要素の中で、苦味と酸味のバランスを切り替える効果が高いのは、a焙煎度、bメッシュ、d湯の温度だ。もちろん、いくらメッシュや温度だけを変えても、焙煎度の段階で苦味や酸味の成分がもともと乏しければあまり意味がないが、同じ豆で味のバランスを抽出で調整するには、メッシュのコントロールを理解することが不可欠だといえる。

図表19
メッシュと各要素の関係

メッシュ	細挽き	粗挽き
表面積	大きい	小さい
抽出成分	多い	少ない
濃度	濃い	薄い
味	苦味	酸味

図表20 ｜ 粗挽きと細挽きの粉の構造

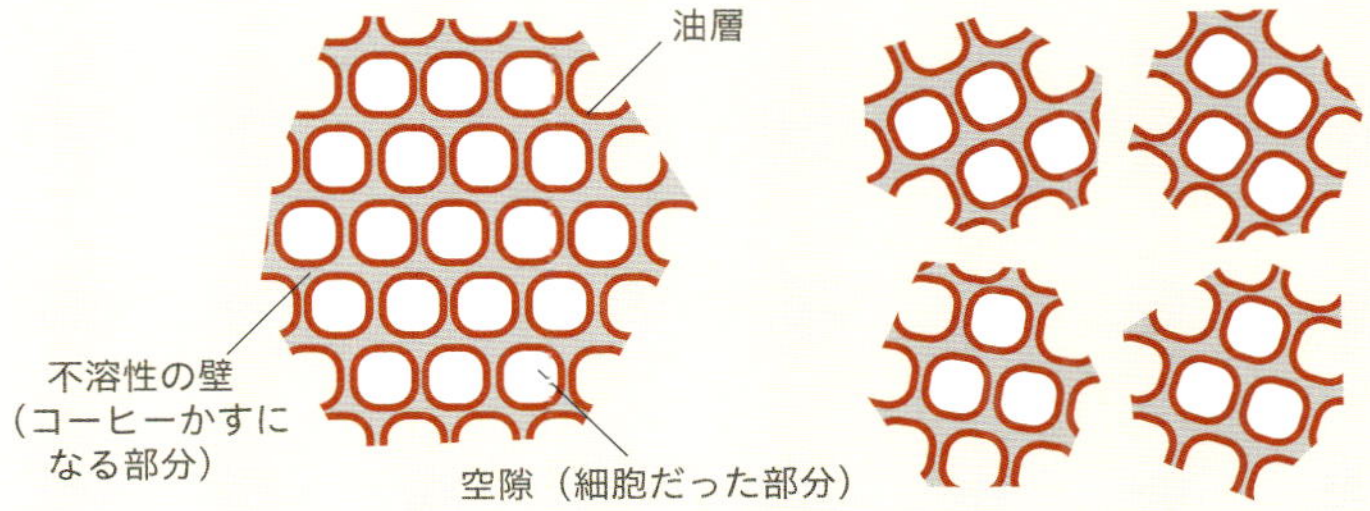

粗挽き（左）に比べて細挽き（右）では表面積が広くなることで、成分が溶け込んだ油層が直接湯に触れやすくなり、そこから流出する成分が増える。

図表21 ｜ 流出液量と成分濃度

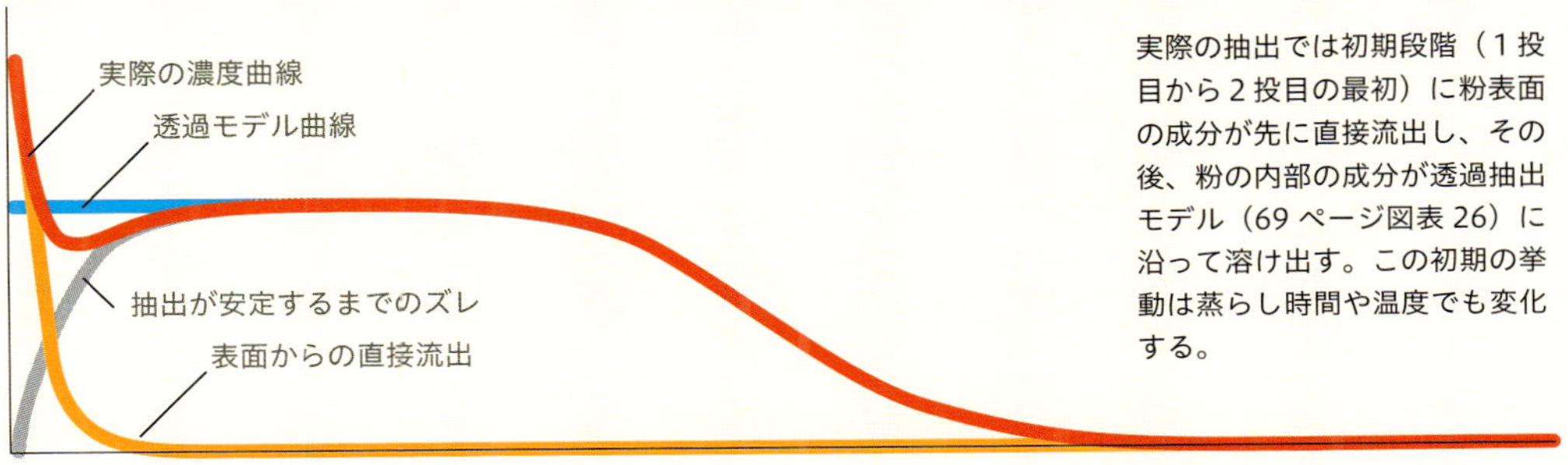

実際の抽出では初期段階（1投目から2投目の最初）に粉表面の成分が先に直接流出し、その後、粉の内部の成分が透過抽出モデル（69ページ図表26）に沿って溶け出す。この初期の挙動は蒸らし時間や温度でも変化する。

b ｜ 粉のメッシュによる味のコントロール

バッハブレンドの基本抽出をベースに、3段階に粉のメッシュを変え、
それぞれで抽出したコーヒーの味の変化をみるためカフェ・バッハ方式のカップテストを行った。

基本の抽出条件

● コーヒー粉 ……… バッハブレンド
(a) 焙煎度 ……… やや深めの中深煎り
(c) 粉の分量 ……… 2人分 24g
(d) 湯の温度 ……… 83℃
(e) 抽出時間 ……… 3分30秒
(f) 抽出量 ……… 300mℓ
※抽出時間はAは少し長く、Cは少し速くなる。

粉のメッシュA　細挽き ミルの目盛り3.5
粉のメッシュB　中挽き ミルの目盛り5.5
粉のメッシュC　粗挽き ミルの目盛り7.5

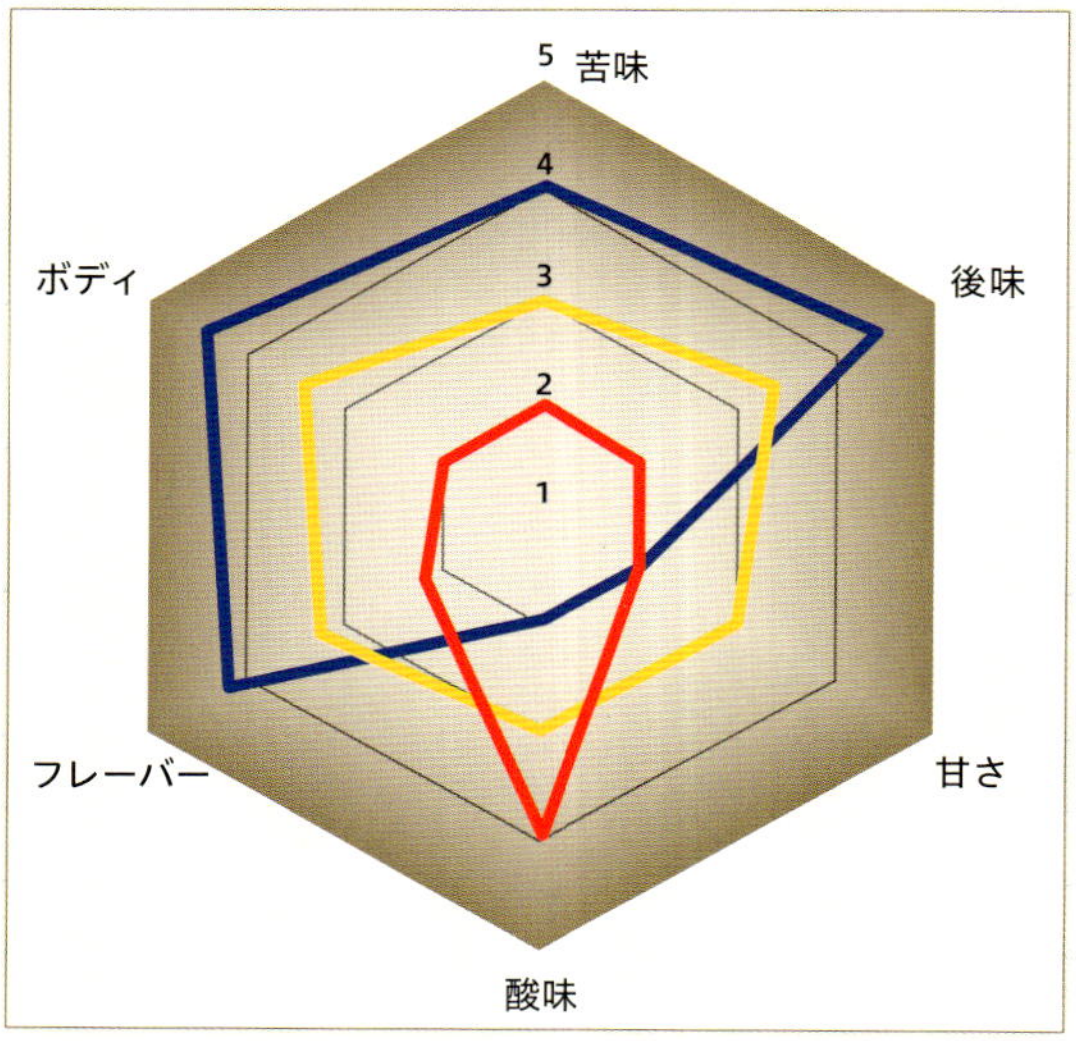

それぞれの条件でカップテストを行い5段階で評価。

1に近づきすぎる場合には、抽出を促す方向に(＝温度↑、時間↑、粉量↑、メッシュ↓など)、5に近づきすぎる場合には抽出をおさえる方向に(＝温度↓、時間↓、粉量↓、メッシュ↑など) 少しずつ条件を変えるとよい。

条件を変えた抽出時の印象メモ

フレーバー	全体的によく出ている。 3.5（細挽き）のものは少しきつく感じる。
苦味・酸味	苦味とのバランスが一番よいのは5.5（中挽き）。 7.5（粗挽き）は少し強く感じる。 3.5（細挽き）は苦味が強く、酸味が弱く感じる。
ボディ・コク 後味	ともに3.5（細挽き）は強く感じる。
甘さ	酸味、苦味がバランスよく良好に出た5.5（中挽き）の時、カラメルのような味を感じ、飲み口で甘さを強く感じる。

c ─ 粉の分量

コーヒーの粉の分量は、通常どのように計測しているだろうか。ドリッパーにそれぞれメジャースプーンがセットになっていることが多いが、一律の基準はなく、メーカーによってその大きさは異なる。中には、スプーンの中に線などがあり、グラム数の表記があるものも見受けられる。基本的にはメジャースプーン1杯で1人分となっているものが多い。まず、ドリッパーとセットのメジャースプーンを使用し、メーカー推奨の抽出方法にならってベースの粉の分量を決めるところから始めるのがよいだろう。

メジャースプーンは、基本的には粉の量を量るためのものだ。豆でも粉でも重さは同じだろうと思うのは大変な間違いである。同じメジャースプーンで豆をすくった状態をイメージして考えるとよく分かるが、コーヒー豆の粒の間に空間ができるため、豆よりも粉のほうが、同じメジャースプーンで量った場合の重さは重くなるのである。

一般的にコーヒー1杯に対してコーヒーの粉は10g前後とされていることが多いが、だとすると、たった1g違っても10パーセント、2g違えば20パーセントもコーヒーの粉の量が変わってくる。これは味にも大きく影響するため、厳密に味をコントロールしたいのであれば、1g単位で計測する配慮が必要である。

また、焙煎度によってもその体積は変化する。焙煎が浅いと密度が高くなり、体積は小さくなる。つまり、メジャースプーンすりきり1杯あたりの粉の重さは増える。焙煎が深くなると密度は低くなり、体積は大きくなる。すりきり1杯あたりの粉の重さは減ることになるため、メジャースプーンに頼りすぎることなく、スケールを利用して重さを確認する必要がある。

コーヒーの粉の適量についてはそれぞれのドリッパーや抽出器具によっても異なるが、3章で扱う抽出器具のうち、いくつかのペーパードリッパーに関してメーカー推奨の粉と湯の量の関係を確認しておく。

図表22 ｜ コーヒーの粉の量と抽出量

タイプ / 焙煎度	三洋産業スリーフォー	ハリオV60	カリタウェーブ	メリタ
コーヒー粉の量	24g	24g	24g	16g
抽出量	300mℓ	240mℓ	300mℓ	250mℓ

c ｜粉の分量による味のコントロール

バッハブレンドの基本抽出をベースに、３段階に粉の分量を変え、
それぞれで抽出したコーヒーの味の変化をみるためカフェ・バッハ方式のカップテストを行った。

基本の抽出条件

● コーヒー粉 ……… バッハブレンド
(a) 焙煎度 ……… やや深めの中深煎り
(b) 粉のメッシュ … 中挽き
(d) 湯の温度 ……… 83℃
(e) 抽出時間 ……… 3分30秒
(f) 抽出量 ……… 300mℓ

粉の分量A　18g（少ない）
粉の分量B　22g
粉の分量C　26g（多い）

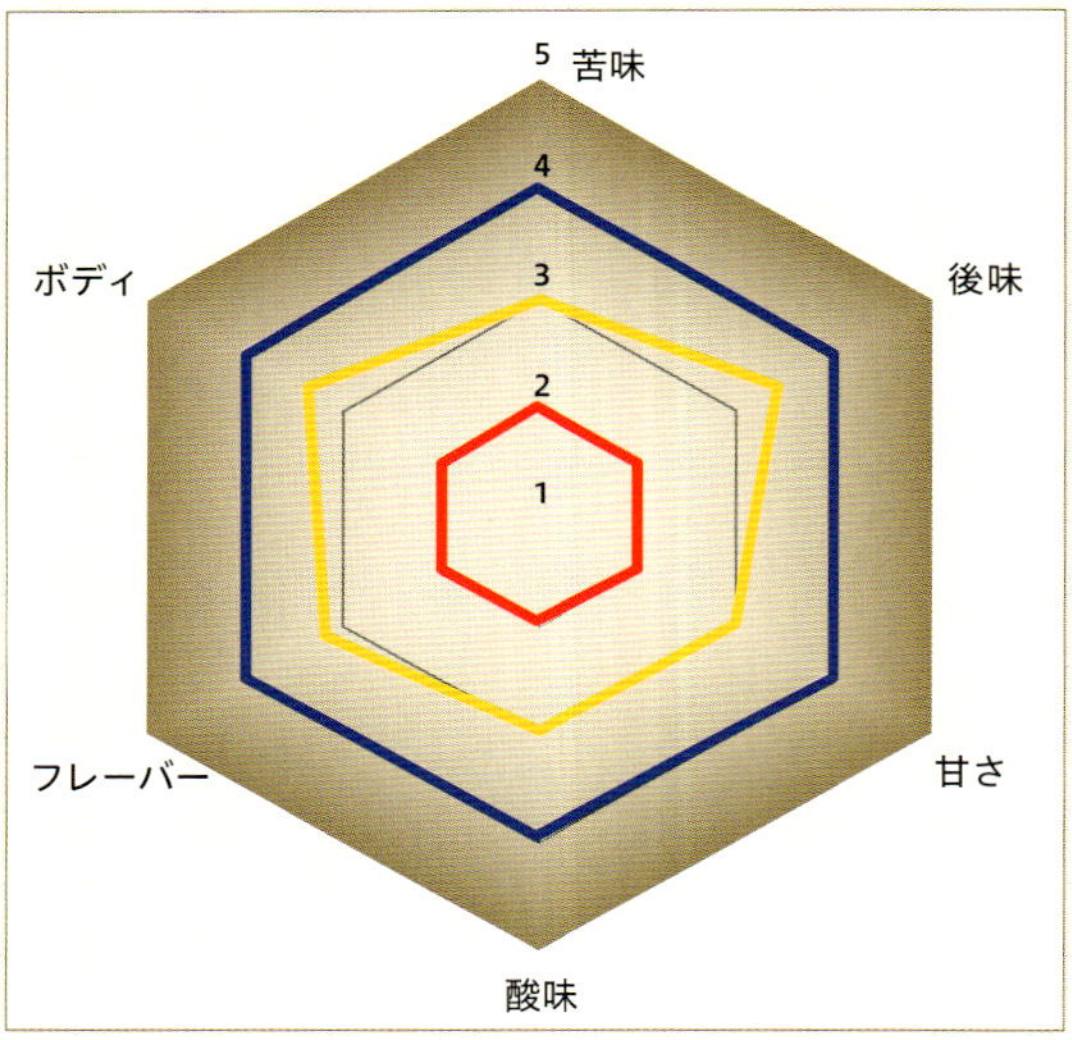

それぞれの条件でカップテストを行い５段階で評価。

１に近づきすぎる場合には、抽出を促す方向に（＝温度↑、時間↑、粉量↑、メッシュ↓など）、５に近づきすぎる場合には抽出をおさえる方向に（＝温度↓、時間↓、粉量↓、メッシュ↑など）少しずつ条件を変えるとよい。

条件を変えた抽出時の印象メモ

フレーバー ボディ・コク	粉の量を増やす（26g）と、どちらもやや強くなるが きつすぎるということはない。悪い味ではない強さが出る。
全体として	すべての味が等間隔でバランスよく出る。 粉の量は技量に関係なく、明確に量ることが可能なため、コントロールしやすい。

d ― 湯の温度

抽出時の湯の温度は、コーヒーの味に決定的な影響を与える。湯の温度をきちんと計測するには、温度計を使うことはいうまでもない。さらに、その前提としてポットの中の湯全体の温度が均一になっていることも大切なポイントとなる。

沸かしたての湯をポットに入れ替えた時、温度計をポットの底まで差し込んで放置しただけでは、湯の温度を正確に測ることは不可能だ。ポットの底に温度計が触れていては、それはポットの底面の温度かもしれない。ポットにただ差し込んだだけでは、温かい水は対流して上がっていくため、上部は温度が高く、下部は低くなる。温度計とともに柄の長いスプーンなど、湯をしっかり混ぜられるもので上下をかき混ぜ、全体の温度を均一にしてから中央付近で計測したい。

湯の温度と味の関係性をここでしっかりおさえておきたい。基本的な法則としては2つある。

1　湯温が高いほうが成分の抽出量が上がる

2　温度が高いと苦味が出やすく
温度が低いと苦味が出にくい（酸味が立つ）

まず**1**から見ていこう。「温度が高いほうが成分の抽出量が上がる」ため、欧米では迷うことなく、高い温度でコーヒーの味の成分をできるだけ効率よく引き出す。低い温度で時間をかけて抽出する方法は日本独自のものである。

また、**2**の苦味と酸味のバランスも湯の温度に大きく左右される。湯温が高いと成分の抽出量が増えることに比例して苦味や渋みも引き出しやすく、出すぎになりがちである。また、湯温が低すぎると苦味がおさえられ、酸味が立ち、苦味と酸味のバランスをとりづらくなる。豆の状態を見ながらバランスのよい温度に調整したい。

カフェ・バッハでは、三洋産業と共同開発したスリーフォーというペーパードリッパーを使用しており、その場合、82～83℃がどの焙煎にも対応できる基本の温度としている。味をうまく引き出すことができる温度は、どんな抽出器具を使うか、どの焙煎度の豆を使うかにもよる。

実はカフェ・バッハでも自家焙煎をはじめた当初、40年以上前には平均して87～88℃で抽出していた。その後、焙煎機を直火式から半熱風式に変え、さらに新型へと移行し、焙煎豆の状態がどんどんよくなってきている。焙煎機を変えて、大きく膨らむようになったことで、以前と同じメッシュに揃えて挽いても、実際はやや粗挽きに変えたような状態に近づき、成分が効率よく抽出されるようになった（62ページ図表23）。

ただし、条件を変えずに抽出すると味が出すぎて苦味に傾くので、その分を、メッシュと同様、苦味と酸味のバランスに効き、しかもメッシュよりコントロールしやすい抽出温度を下げることでバランスを整えたのである。また、焙煎豆の鮮度によっても適度な温度は変わってくる。例えば今、焙煎直後の豆を

図表23 | 豆の膨らみと内部の状態

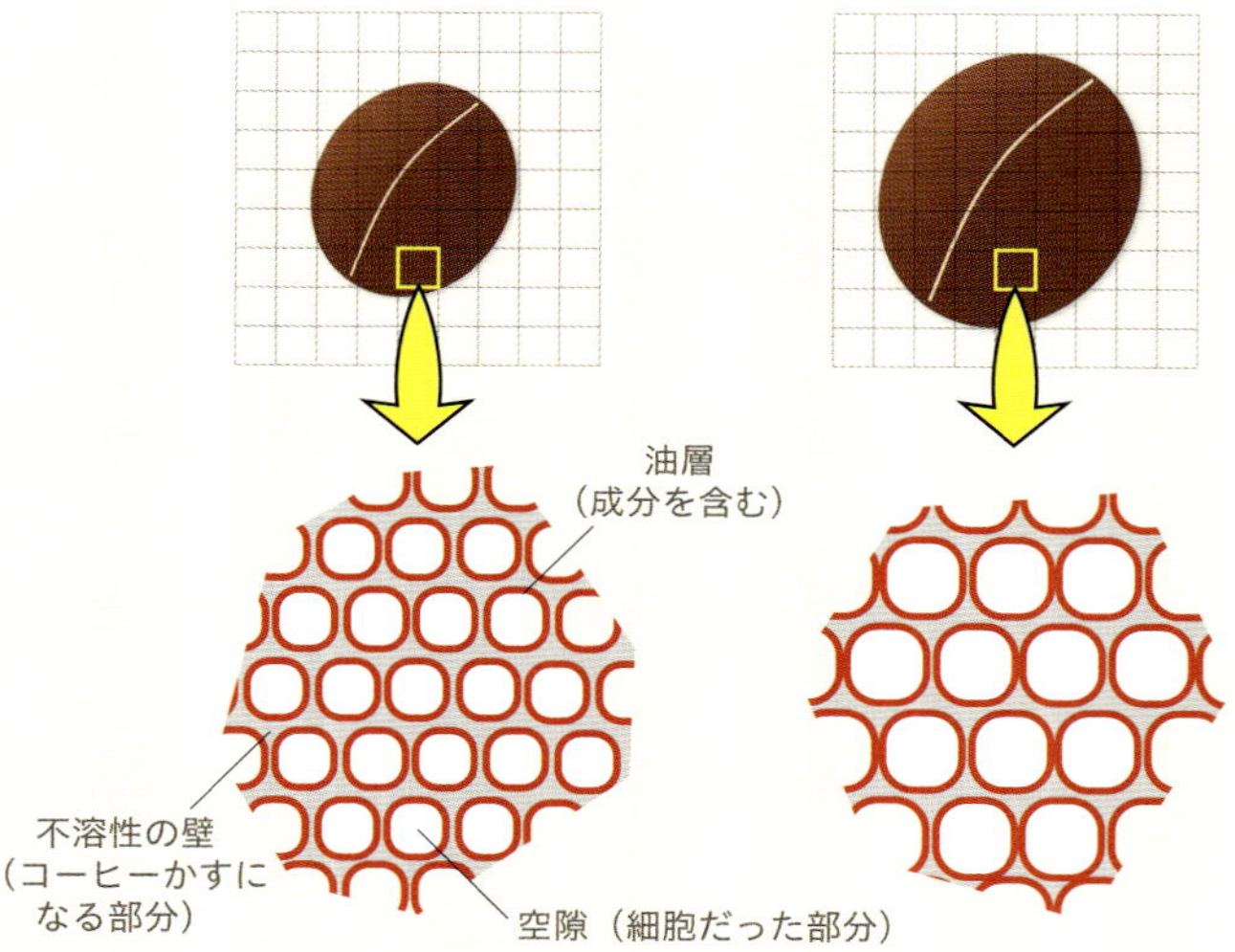

同じメッシュでも、よく膨らんだ豆（右）は内部の空隙が大きく、粉1粒が細挽き状態に近くなる分、成分が出やすい。

使用するとしよう。焙煎直後の豆は盛んに炭酸ガスを発生させる。そのため、その豆を挽いたコーヒー粉に90℃以上の湯を注ぐと、粉が膨らみすぎて、いわゆるハンバーグのような形のベストな蒸らしができず、炭酸ガスが泡となって噴火するようになってしまい、うまく抽出するのが難しい。焙煎直後の豆を使用する場合には、80℃前後の低い温度で、粉をなだめるようにていねいに抽出しなければならない。

逆に、焙煎から2週間以上常温で保存していたものはどうだろうか。そのように鮮度を失ってしまった焙煎豆は、高温で抽出することが望ましい。ガスが抜けた豆は、湯をドリッパーの中に抱え込む力が弱まっているため、抽出スピードがどうしても速くなる。そのため、90℃以上の高温でなければ味や香りを引き出すことができないのである。ただし、温度が高いと味や香りの成分が引き出しやすいだけでなく、引き出したくない嫌な雑味も引き出されてしまう。

湯温は焙煎度によっても多少変えたほうがよい。カフェ・バッハの場合にはこのような関係性を打ち出している。

深煎りはやや低温（75～81℃）か中温（82～83℃）で抽出
浅煎りは中温かやや高温（82～85℃）で抽出

器具、豆の鮮度、焙煎度によって、湯の温度をコントロールすることは欠かせないと考えている。

図表 24 ｜ ペーパードリップの場合の湯の温度と抽出の関係

湯の温度	湯の温度
A　86℃以上	湯温が高すぎる。泡が出て膨らみすぎて表面が割れ、蒸らしが不十分になる。
B　84～85℃（浅煎り、中煎りに向く）	やや湯温が高め。味が強く、苦味が立つ。
C　82～83℃（すべての焙煎度に向く）	適温。バランスのとれた味わいに。
D　75～81℃（深煎りに向く）	やや湯温が低め。苦味はおさえられるがバランスを欠く味に。
E　74℃以下	湯温が低すぎる。うまみが十分に抽出できない。蒸らしも不十分になる。

※ A ～ E は図表 25 の抽出温度下の A ～ E に対応

図表 25 ｜ 透過式（ドリップ）での味成分の抽出モデル ～抽出温度と味の関係～

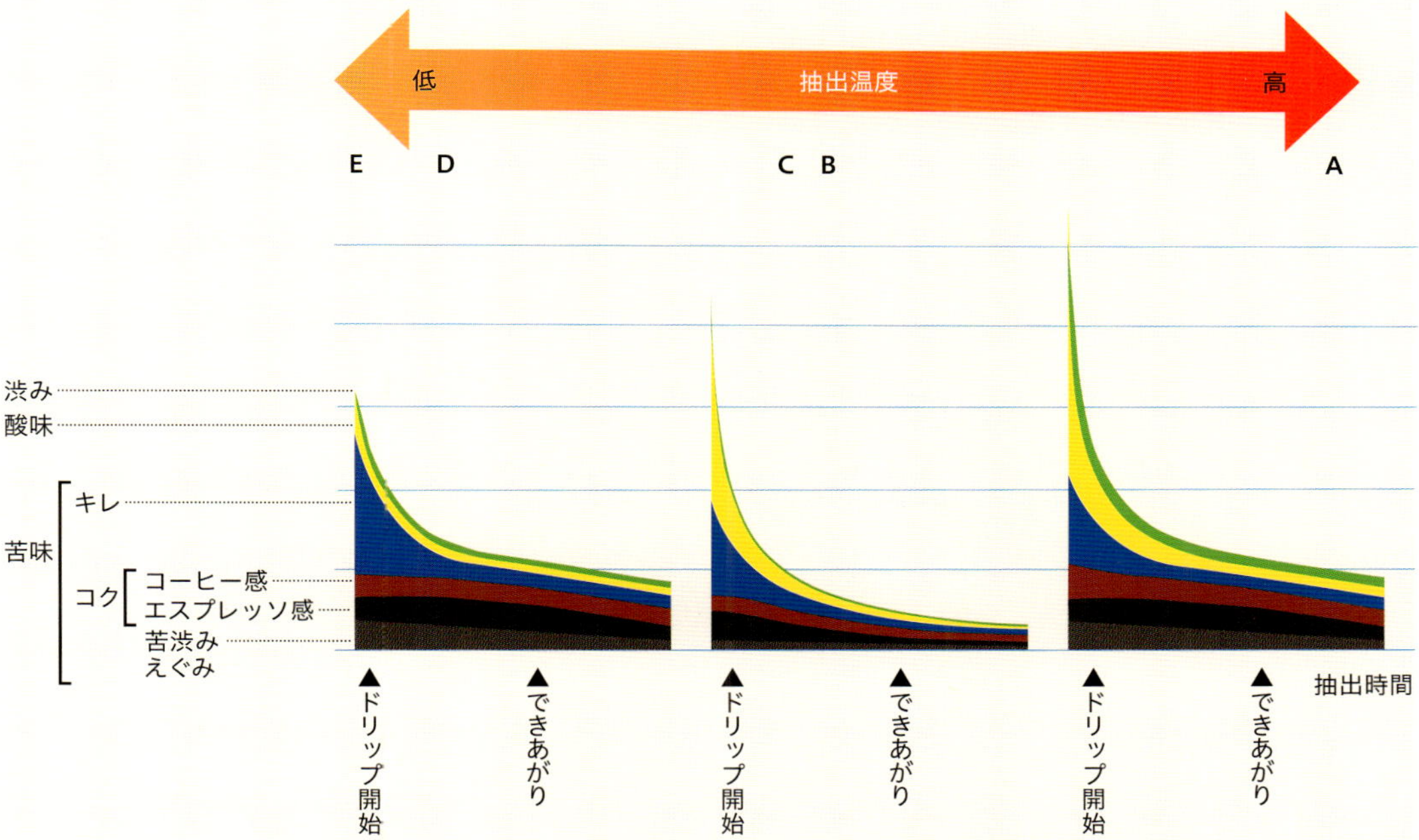

- 成分の抽出量全体は低下
- 浅煎り～中煎りタイプの苦味が出にくく、苦味のバランスが変わる。

- 十分なコーヒーの苦味を引き出しつつ、酸味などとのバランスがとれている。

- 成分の抽出量全体が増加。
- 浅煎り～中煎りタイプのコーヒー感のある苦味を引き出しやすい。
- 苦渋みの増加も大きく、苦味が出すぎになりがち。
- 流出により油脂分も増加。

※粉の挽き方を同じとした場合の簡易シミュレーションの結果。

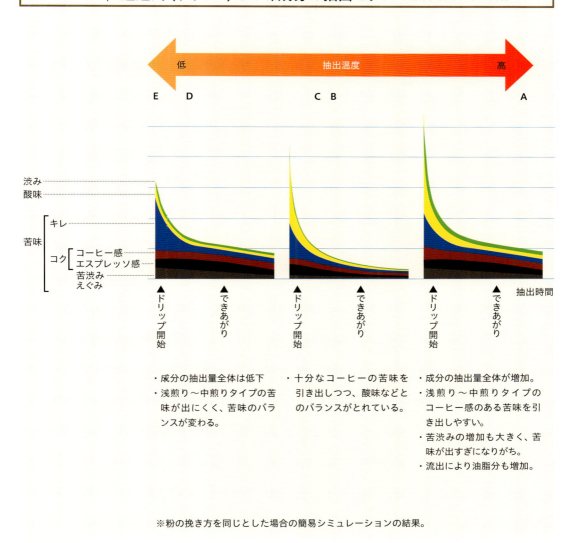

d｜湯の温度による味のコントロール

バッハブレンドの基本抽出をベースに、3段階に湯の温度を変え、
それぞれで抽出したコーヒーの味の変化をみるためカフェ・バッハ方式のカップテストを行った。

基本の抽出条件

● コーヒー粉 ……… バッハブレンド
(a) 焙煎度 ……………… やや深めの中深煎り
(b) 粉のメッシュ … 中挽き
(c) 粉の分量 ……… 2人分 24g
(e) 抽出時間 ……… 3分30秒
(f) 抽出量 …………… 300mℓ

湯の温度A 78℃（低い）
湯の温度B 83℃
湯の温度C 90℃（高い）

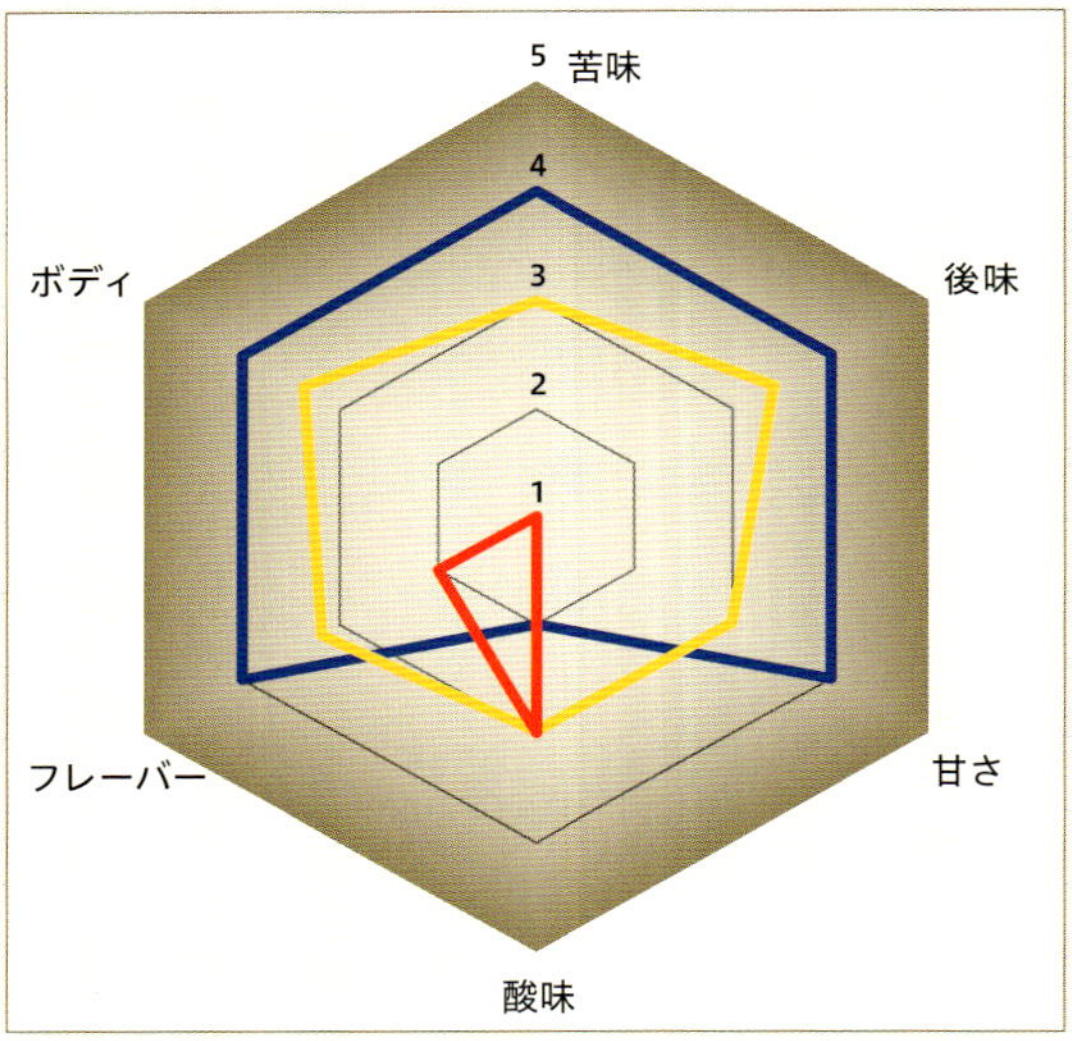

それぞれの条件でカップテストを行い5段階で評価。

1に近づきすぎる場合には、抽出を促す方向に（＝温度↑、時間↑、粉量↑、メッシュ↓など）、5に近づきすぎる場合には抽出をおさえる方向に（＝温度↓、時間↓、粉量↓、メッシュ↑など）少しずつ条件を変えるとよい。

条件を変えた抽出時の印象メモ

ボディ・コク 後味 甘さ 苦味	ともに、低温（78℃）の場合にややボケた感じになる。 成分を抽出しきれず輪郭がはっきりしない。 ボディ・コクは高温（90℃）の場合に4よりもやや強く出ているイメージ。
酸味	低温（78℃）の場合、苦味が十分に抽出されないので酸味をより感じる。
全体として	低温（78℃）は、自家焙煎などによるごく深煎りの場合にはそのよさを生かせる。

e ― 抽出時間

ここでいう「抽出時間」とは、ドリップで目標とする抽出量を抽出するまでのトータルの時間である。浸漬式なら決まった時間が経過するまで粉は同じ湯の中に浸かったままだが、ドリップの場合、ある瞬間に注いだ湯はドリッパーを通過してサーバーに落ちるまでの短い時間しか粉と接触しない。

このため、ドリップでは「抽出スピード」といういい方もできる。何も考えずに一定速度で湯を注いでいると、時間を延ばせば延ばした分だけ、抽出量も増えてしまう。しかし、湯を注ぐペースを早くすれば、抽出スピードが速くなり、全体の抽出時間は短く、遅くすれば抽出時間は長くなることになる。

ただし、抽出時間（スピード）は味を決める6つの要素の中でも最もコントロールが難しい。抽出スピードのコントロールは、注ぐ湯柱のコントロールである。注ぐ湯柱の太さや注ぎ方など、抽出する人の技術や慣れに大きく左右され、不確定要素が多くなる。そのため、まずは1章で紹介した基本の抽出をしっかりマスターする必要がある。安定して湯を注げるようになり、湯柱を太くしたり細くしたり、思い通りに微調整できるようになってからの話である。

また、豆の鮮度や、これまでに解説した焙煎度、粉のメッシュ、粉の分量、湯の温度などの条件が異なれば、粉の層の厚みや膨らみ方が変わって抽出スピードに影響する。ある程度、微妙な湯柱のコントロールができるようになるまでは、これらをきちんと揃えた、ブレの少ない条件で練習するとよいだろう。

今回の基本とした抽出法ではトータルの抽出時間が3分30秒だが、1投目に蒸らし時間として30秒間とっており、この間はあまりサーバーに落ちないため、おおまかに平均すれば1分あたり100mℓのスピードで抽出している計算だ。

ただし、抽出しているうちに粉の状態や湯の流れ具合は刻一刻と変化する。最初から最後まで一定のスピードではなく、状況を見ながら、後半になるにつれ抽出スピードを上げるようにコントロールするとよい。

ポットから注ぐ湯量のコントロールが自在にできるようになれば、「蒸らし」を終えるまでは必要な手順として同様に注ぐ。また、3投目の注湯まででコーヒーに必要な成分のほとんどは抽出されることを頭に入れておく。基本的に4投目以降は抽出量の調整だと考えてよい。4投目以降で注ぐ湯量（湯柱の太さやスピード）を調整しながら目安の時間に近づけていくことを心がければよいだろう。

1投目　湯柱は2～3㎜の太さ

4投目　湯柱に4～5㎜の太さ

湯柱の太さと回すスピードでコントロール。後半になるにつれ抽出スピードを上げる。

e ｜抽出時間による味のコントロール

バッハブレンドの基本抽出をベースに、３段階に抽出時間を変え、
それぞれで抽出したコーヒーの味の変化をみるためカフェ・バッハ方式のカップテストを行った。

基本の抽出条件

● コーヒー粉 …… バッハブレンド
(a) 焙煎度 …… やや深めの中深煎り
(b) 粉のメッシュ …… 中挽き
(c) 粉の分量 …… 2人分 24g
(d) 湯の温度 …… 83℃
(f) 抽出量 …… 300mℓ

抽出時間A　2分40秒（速い）
抽出時間B　3分10秒
抽出時間C　4分00秒（遅い）

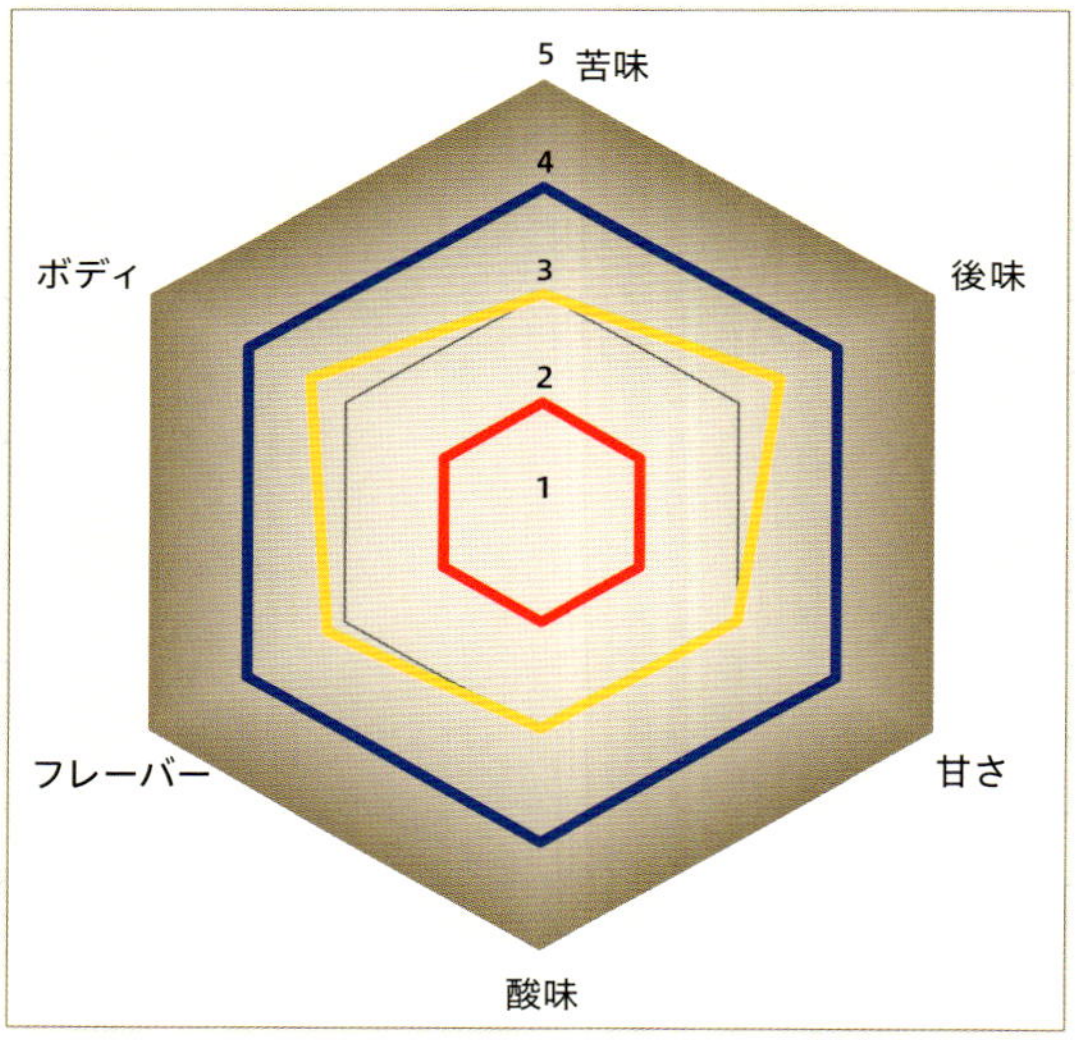

プロの抽出とは？

●粉の濾過層を崩さず、無駄なく有効に味の成分を抽出する。
●静かに、粉面にのせるようにそっと湯を注ぎ、粉を攪拌しない。
●透過の具合を見極めながら湯柱を調整して湯を注ぐ。

それぞれの条件でカップテストを行い５段階で評価。

１に近づきすぎる場合には、抽出を促す方向に（＝温度↑、時間↑、粉量↑、メッシュ↓など）、５に近づきすぎる場合には抽出をおさえる方向に（＝温度↓、時間↓、粉量↓、メッシュ↑など）少しずつ条件を変えるとよい。

条件を変えた抽出時の印象メモ

全体として　30～40秒の違いは、適正な抽出時間内であり、バランスがよいまま、すべての味が等間隔にどれも良好な許容範囲の中で味の違いが出ている。十分にほどよい味になる。

抽出時間C（遅い）は、豊かでふくよかな味になる。苦渋み、雑味などの抽出過多は見られない。
抽出時間A（速い）は、苦味がやや弱いが、良好な範囲内。

手で注湯する際のていねいなコントロールは難易度が高い。
一方で、しっかりコントロールできれば、最も繊細に味のコントロールができる。

f ― 抽出量

コーヒーを抽出する時、どこで抽出をやめるか、いわゆる抽出量をどの分量に設定するかも、大きな味の決め手となる。フレンチプレスなど浸漬式のコーヒーでは、規定量を注湯すれば抽出量はその後変化しないので抽出量のコントロールはできないが、透過式のドリップでは、注湯をどこでやめるかによって確実にコントロールできる。

方法としてはサーバーに目盛りがある場合は目盛りを真横から確認する。サーバーに目盛りがないものもあるが、最近はドリップスケール（コーヒースケール）で抽出された量を量り、ピッタリの数値でストップさせるやり方も増えている。カウンターにずらりとドリッパー、スケールにのせたサーバーを並べ、見せるディスプレイをしている店もある。

コーヒーの粉の分量と抽出量については、ドリッパーにより基本の数値が提示されているものも多く、ベースはそれに合わせてその数値を中心にカップテストをしてみると、その違いがよくわかる。

また、抽出量による味の変化もわかりやすく、目的の液量を抽出して適正なできあがりのポイントでの各成分の濃度とバランスでコーヒーの味が決まるが、そのポイントを過ぎると、後はサーバー内で薄まってしまう。

透過式（ドリップ）での抽出では「抽出量」が増えていくことで、溶け出しにくい成分の割合も増えていく。つまり、雑味が増えていくのである。そうならないための適正な範囲内で、好みによって濃度を調節するというイメージでベストポイントを探るとよいだろう。

ほかの条件を変えずに、抽出量だけを減らしたり増やしたりするということは、同じ時間内に少量抽出するか多く抽出するかということになる。少量を抽出するならゆっくりと味を引き出すことができ、多く抽出する時には注ぐ湯量も増やさなければならないため、抽出時に湯を入れるスピードは速くなる。

f ｜抽出量による味のコントロール

バッハブレンドの基本抽出をベースに、３段階に抽出量を変え、
それぞれで抽出したコーヒーの味の変化をみるためカフェ・バッハ方式のカップテストを行った。

基本の抽出条件

● コーヒー粉……バッハブレンド
(a) 焙煎度……やや深めの中深煎り
(b) 粉のメッシュ……中挽き
(c) 粉の分量……２人分 24g
(d) 湯の温度……83℃
(e) 抽出時間……３分30秒

抽出量A　200mℓ（少ない）
抽出量B　300mℓ
抽出量C　400mℓ（多い）

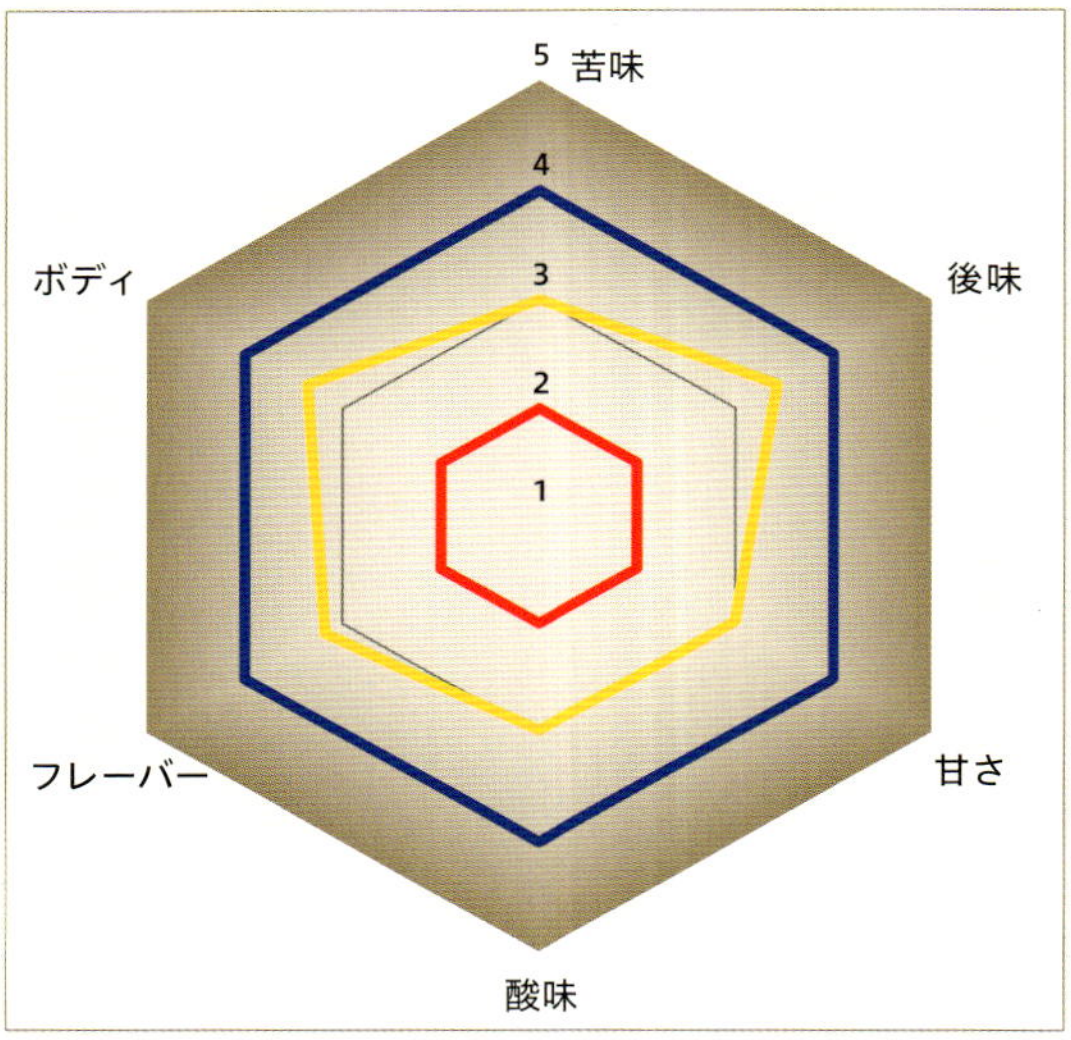

それぞれの条件でカップテストを行い５段階で評価。

１に近づきすぎる場合には、抽出を促す方向に（＝温度↑、時間↑、粉量↑、メッシュ↓など）、５に近づきすぎる場合には抽出をおさえる方向に（＝温度↓、時間↓、粉量↓、メッシュ↑など）少しずつ条件を変えるとよい。

条件を変えた抽出時の印象メモ

酸味	酸味の引き出し方がポイントとなる。 200mℓだと抽出スピードも速くなるため、抽出時間の条件を揃えるにはゆっくりと湯を注ぐ。 大まかな相関を表しているチャート図には表れていないが、実際には200mℓの場合、苦味（甘み）が十分に抽出されず、酸味を感じる。
全体として	湯量のコントロールには個人差はなく、数値通りに抽出をやめればよいため、コントロールが容易にできる。基本的にはどちらも許容範囲内に収まる。 酸味の引き出し方がポイントとなるため、湯量を少なくする時は、 湯柱を細くして抽出スピードを遅くすることで、味のバランスをとりやすい。 バランスがよいまま濃度を上げることができる。

図表26 ｜ 透過式（ドリップ）での味成分の抽出モデル

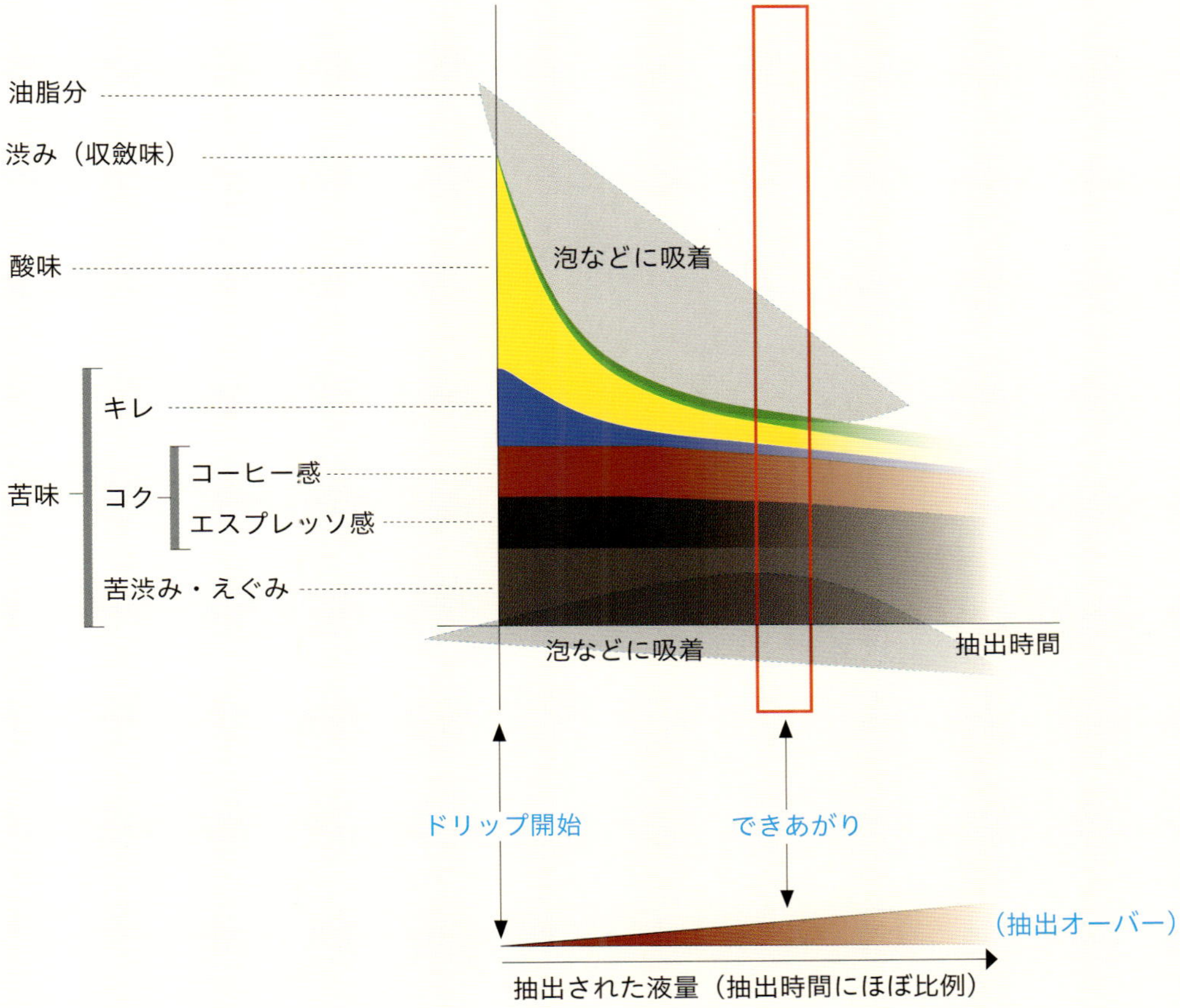

グラフから読み取れること

・ドリッパーから出てくる液は、基本的に、最初のうちほど濃度が高い。

・溶け出しやすい成分（酸味・キレのある苦味など）は最初のうちに出終わってしまい、後はサーバー内で薄まっていく。

・溶け出しにくい成分（苦渋み、油脂分など）は最後まで比較的一定の濃度で出続ける。

・「コーヒー感のある苦味（浅煎り〜中煎り）」「エスプレッソ感のある苦味（中深煎り〜深煎り）」などは、抽出の途中で徐々に出終わっていき、後はサーバー内で薄まっていく。

・目的の液量を抽出し終わった段階（できあがり）での各成分の濃度とバランスでコーヒーの味が決まる。

・多くのドリップでは、溶け出しにくい成分や渋みの一部が、泡などに吸着して取り除かれ、苦渋みや渋みなどの雑味が減る。ただし同時にコクや油脂分も若干減少する。

Chapter 2 3

6つの要素で味をコントロールする

味をコントロールするための抽出時の「6つの要素」について、それぞれの傾向は理解できただろうか。これらの要素でコントロールできるということは、逆にいえばこれらの要素がブレれば、味もブレが出るということである。

再現性が求められ、常に狙った味を引き出せるようになるプロを目指すなら、知らないうちに味がブレてしまったり、ブレの要因に気がつかないのは致命的である。それがわかるようになってようやく意図的にコントロールできるようになる。

この章の冒頭にもあるが、粉の分量、湯の温度、抽出量など、数値を決めてしっかりと計測すればブレをおさえられるものについては、確実に計測すること。さらに、メッシュを均一にするためにミル自体を精密なものに変え、手入れを怠らないこと、微粉などわずかな部分にも神経を行き渡らせなければならない。

ペーパードリップによる抽出が成功するかどうかは、これら6つの要素に加え、蒸らしがうまくいくかどうかもポイントとなる。要素がブレないようにしているにもかかわらずうまくいかない時には、抽出の基本に立ち返り、焙煎豆の鮮度や蒸らしの状態などのベースを確認してみることだ。

6つの要素の傾向を頭に入れて調整する

6つの要素とコーヒーの味には大まかにいって図表27のような関係性がある。まずはこの図を頭に叩き込む。

コーヒーに含まれる味には、酸味、キレのある苦味、コクのある苦味、鋭い苦味、わるいおこげ、渋み、甘みなどの様々な成分があるが、この中でとりわけコーヒーの味に大きく影響する酸味と苦味だけに注目すると、酸味の成分は溶け出しやすく、苦味は溶け出しにくい。

また、6つの要素と酸味と苦味の関係性は、図表27の上段と下段の2つのパターンに分けられる。

まずは上段の3つの要素を見てみよう。焙煎度、粉のメッシュ、湯の温度は、それぞれの要素が強くなるほどに苦味は強くなり、酸味は弱くなる。抽出される苦味と酸味の関係は相反し、さらに甘みを引き出すためには、これらの条件を巧みに使いながら苦味と酸味のほどよいバランスをとることが必要となる。

一方、下段の3つの要素、粉の分量、抽出時間、抽出量に関しては、条件を変えた時の変化の方向が比較的わかりやすい。

図表27 コーヒーの味と抽出条件

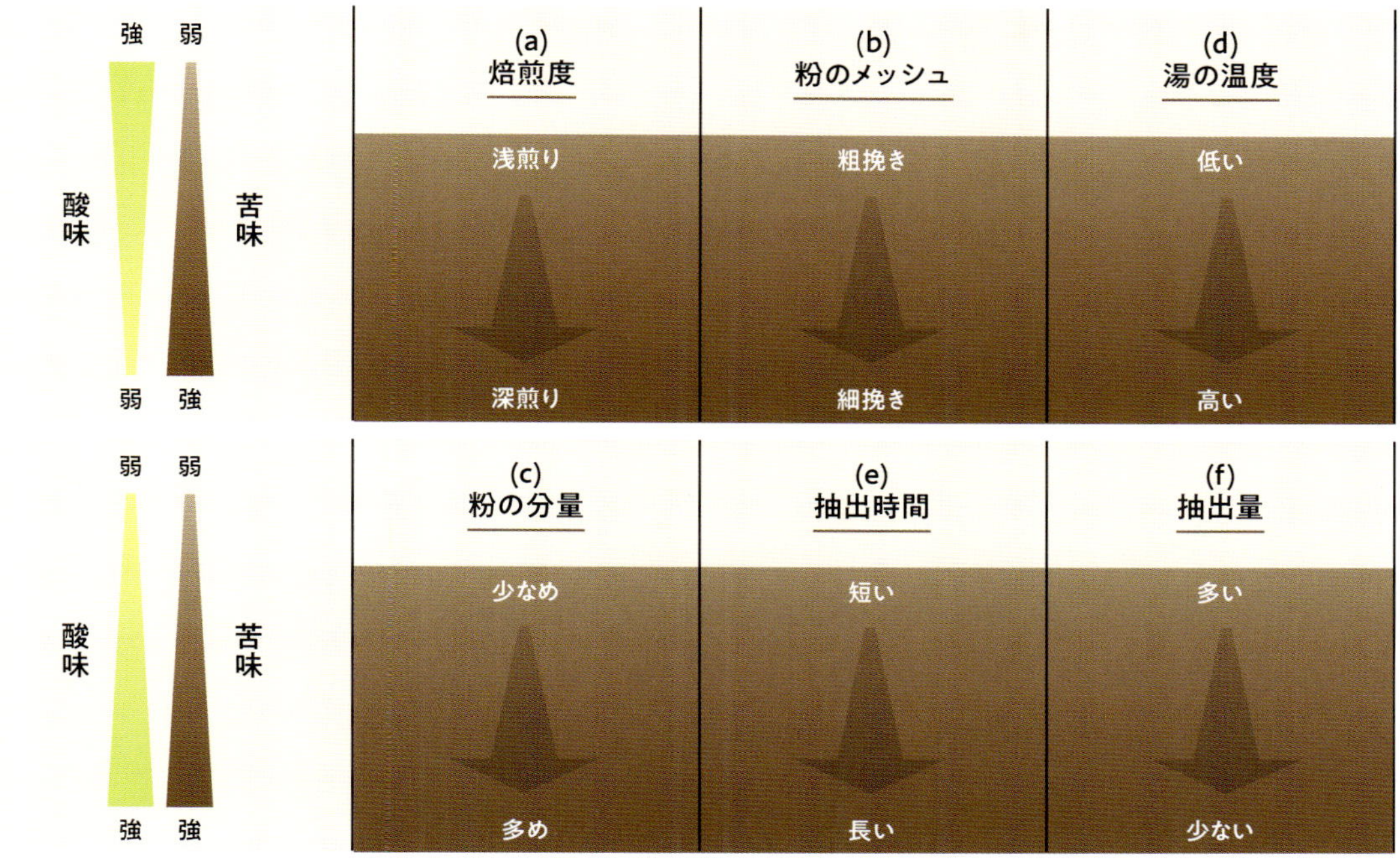

それぞれの要素を強めるに従って、苦味も酸味も比例して強くなっていくと大まかにイメージしておくとよいだろう。

6つの要素を調整する際には、この法則を頭に入れながら調整を試みると大体の味の予測もつけやすく、それぞれの要素をコントロールする時の指標となる。音楽でいうところのイコライザーのようなものである。狙った味に近づけるためには、それぞれのバーをどのレベルに合わせてどのようにバランスをとるのがよいか、調整するのである。

さらに、これらの幾つもの味の濃度感が「コク」となり、ボディとなって深みを増していく。「コク」は、味の複雑性と味の持続性が要因となって生まれてくる。旦部氏はコクに関してこのように語ってくれた。

「最初に感じたひとつの味だけであれば『こんな味だな』と見切りや予想がつきますが、後から異なる味を感じると、『あれ?』という驚きが生まれます。成分が複数含まれていると、それぞれの成分が口中でどのように唾液に流されるかで、感じる味が変化していくのです。そうすると、味の奥深さを感じ、このコーヒーには『コク』があると認識するのではないかと考えています。つまり、『コク』は、単なる成分の複雑性だけでなく、その持続性や味を感知する時間にも関係します。成分の複雑さに対して、我々の頭の中でどのように認識しているのかというところまで考えなければならないのです」

6つの要素で ピンポイントの 味を狙う

この本をつくるにあたり、様々な条件で抽出し、カップテストにより味の変化を記録した。その結果をコクや後味も含めてそれぞれの項目にレーダーチャートで表したが、旦部氏の協力により統計的に分析した結果、図表28のような概略図が得られた。抽出の条件を変えることで味をどのようにコントロールすることができるかはこの図が頼りになるだろう。

大きく分けると酸味と苦味のバランスであることは前ページと同じだが、苦味を引き出す条件では、全体を総合したコクや後味なども豊かになる。この苦味、コク、後味などの強さで味の印象の6割が、残りのうち2割が酸味の強さで決まっていた。つまり、この大まかなイメージに沿って抽出すれば、味全体の8割ぐらいがコントロール可能になるはずだ。

また、残りの2割は、図表28に表すことができなかった甘さ、フレーバーの要素である。味全体の強さと比例して変化するが、ほかの要素のように単純な図式化は難しい。6つの要素の中で、ある程度影響を及ぼす条件は、粉のメッシュと湯温であった。メッシュや湯温を変えて、苦味と酸味のバランスがほどよくなった時、最も甘さを感じるのである。

また、このカップテストでは渋み、えぐみなどのマイナスの味については記録していない。あくまでも、「よいコーヒー」と呼べるストライクゾーンの中で味をコントロールすることが前提である。ストライクの中での微調整として、ど真ん中を狙うのか、ギリギリの枠を狙って驚きを与えるのか、ということだ。

また、味の大半を決める焙煎度はコントロールの際に特に重視する必要がある。焙煎度の違いによる基本抽出による味の違いを左ページの図から把握しておくことも忘れないでほしい。様々な味をどのバランスで引き出すか。6つの要素の法則を頭に入れながら、その加減を確認していただきたい。

図表28 | 味のコントロール　大まかなイメージ

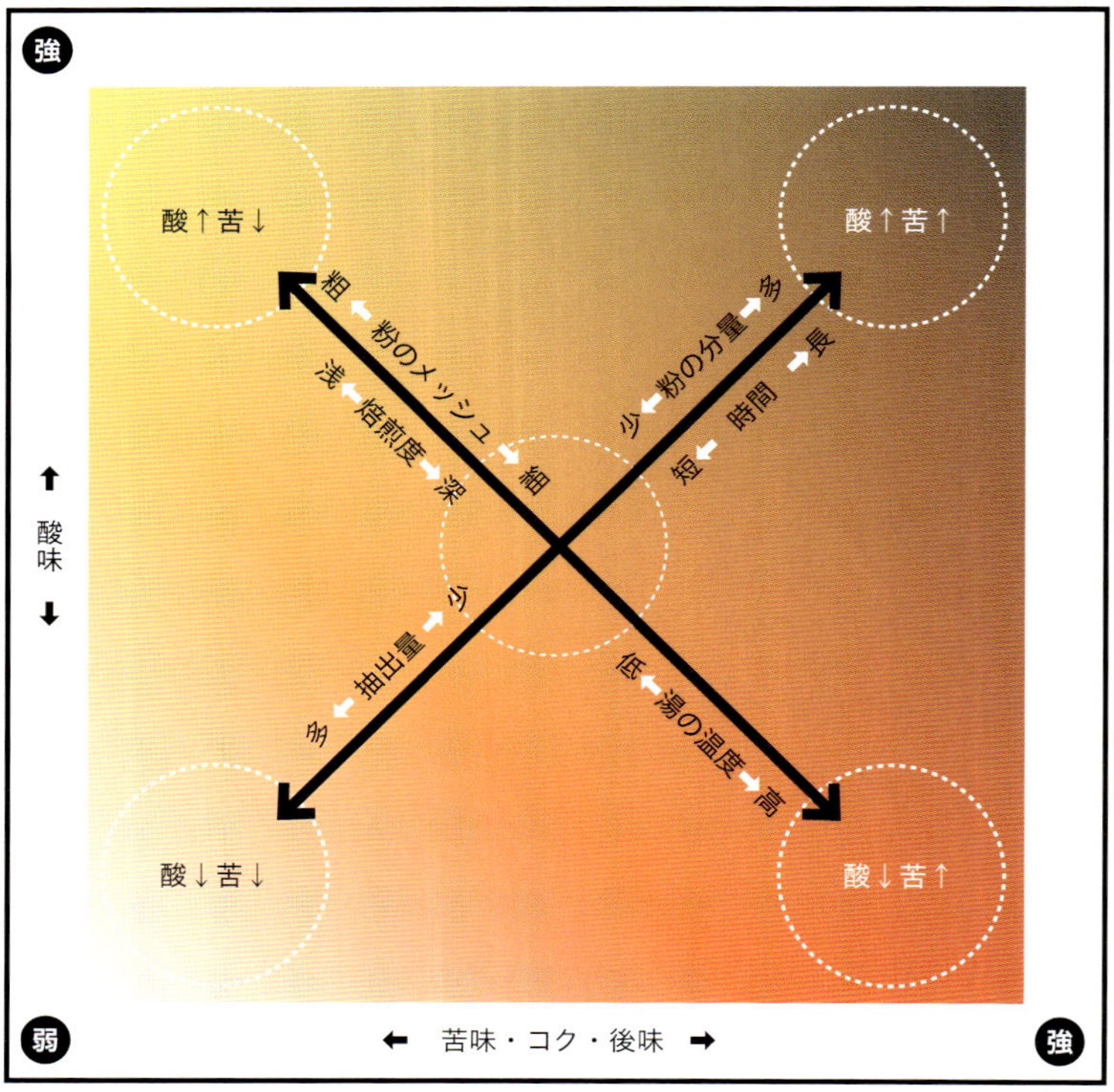

図表29 ｜焙煎度の異なる豆からの抽出と味の関係

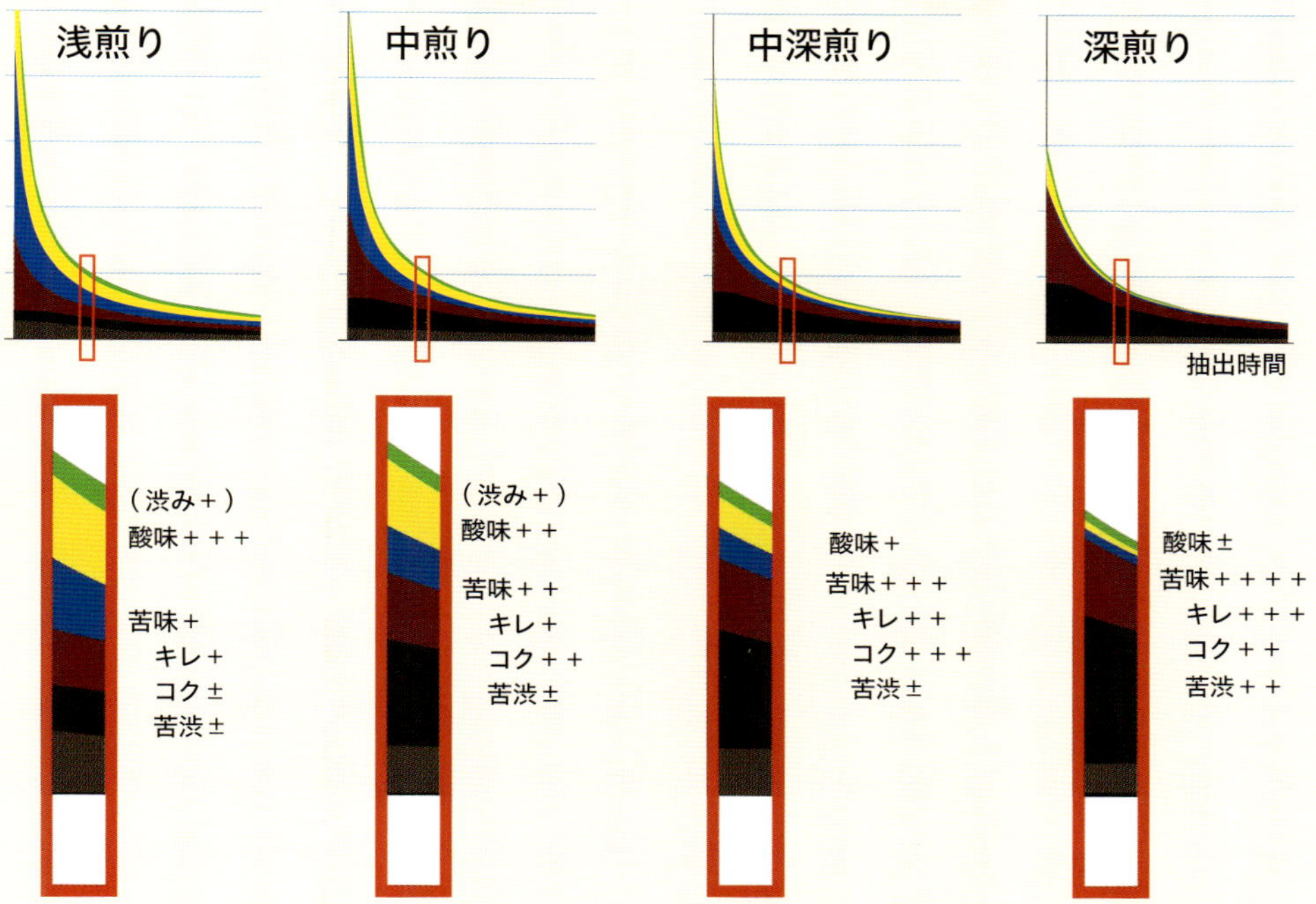

浅煎り
- すっきりした酸味
- 苦味はすっきりしてかなり控えめ
- 泡のもとになる成分は少なめで油脂は液面の油滴としてしばしば分離する

中煎り
- 豊かな酸味とコーヒーらしいマイルドな苦味の調和

中深煎り
- 苦味の複雑さを生む豊かなコクと、ほのかな酸味の調和

深煎り
- エスプレッソのようなはっきりした強い苦味
- 酸味はかなり弱い
- 泡のもとになる成分が多く、油脂が乳化され溶け込みやすい

グラフから読み取れること

- 焙煎度によって、抽出時の味のバランスはある程度決定される。
- 浅煎りは深煎りに比べ酸味が多く抽出され、深煎りは浅煎りに比べ苦味やコクが多く抽出される。
- 酸味と苦味の抽出のバランスのよい中煎りや中深煎りにおいて、甘みが最も引き立って感じられる。

※グラフは、粉の量や挽き方を同じにした場合の簡易シミュレーションによるもの。

第3章
Chapter 3

様々な器具での抽出

器具の特色を生かして微調整する

抽出器具には様々な仕組み、形式のものがある。
コントロールの自由度が高いペーパードリップを中心に、
様々な器具の特色に迫り、器具を生かした抽出について考える。
基本的には、それぞれの器具の特性を知ったうえで
前章の6つの要素でコントロールし、微調整すれば
好みの味にある程度近づけることが可能となる。
この章では「様々な器具での抽出」に迫る。

Chapter 3

1 抽出器具による違い

この本ではペーパードリップの抽出についてコントロールの法則を明らかにしてきた。これまでは抽出の理論を確認してきたが、ここからはいよいよ実践編の入り口である。

様々な抽出器具において、どのような特徴が出るかを見ていくこととしよう。それぞれのドリッパーの特徴を生かし、基本的にメーカーによる推奨の条件で抽出した時、どのような味の組み立てになっているかを実際に確認してみるのである。

今、コーヒー業界ではペーパードリップのよさが再注目されているが、「ネルかペーパードリップ、どちらが優れているか」というかつてのような論争は過去の遺物である。それぞれの抽出器具やドリッパーによって個性があり、それをどのようにうまく使いこなすかに意識を向ける時がきた。

抽出器具には浸漬式と透過式があることは1章でも少し触れた。おさらいすると、浸漬とは、コーヒーを湯（水）に浸すこと、透過とは、コーヒーの粉で層をつくり、そこに湯（水）を通過させることである。どちらも、浸している間、通過している間にコーヒーの粉の成分が湯(水)に移動してコーヒーとなる。

サイフォン式、プレス式、ボイル式などは浸漬式に近く、ドリップ式、エスプレッソなどは透過式に近いといえるが、両方の要素を併せ持つ器具が多く、一概に2つには分けられない。

ペーパードリップだけを見ても、ドリップ式だからすべてが透過式かというとそうではない。左ページの図表30にあげたものはほんの一例で、ペーパードリップだけでも様々なものがある。

ドリッパーの個性を踏まえてコントロール

それぞれのドリッパーの穴の数や穴の大きさ、リブの高さなどの構造の違いによって、さらにそのドリッパーとセットで使用するペーパーの繊維の密度や厚みなどにより、注湯した湯がサーバーに流出するまでの時間に大きな違いが生まれてくる。これが、それぞれのドリッパーの個性となる。

2章で考察した味を決める法則の中には、6つの要素があり、その中に抽出時間という項目があった。つまり、ドリッパーが違えば6要素のうちの一つの条件に関わる抽出スピードがかなり変わってくることを加味しなければならない。

味のコントロールはそれぞれのドリッパーの個性を理解した上ではじめて成立する。

図表30　抽出器具と流出速度

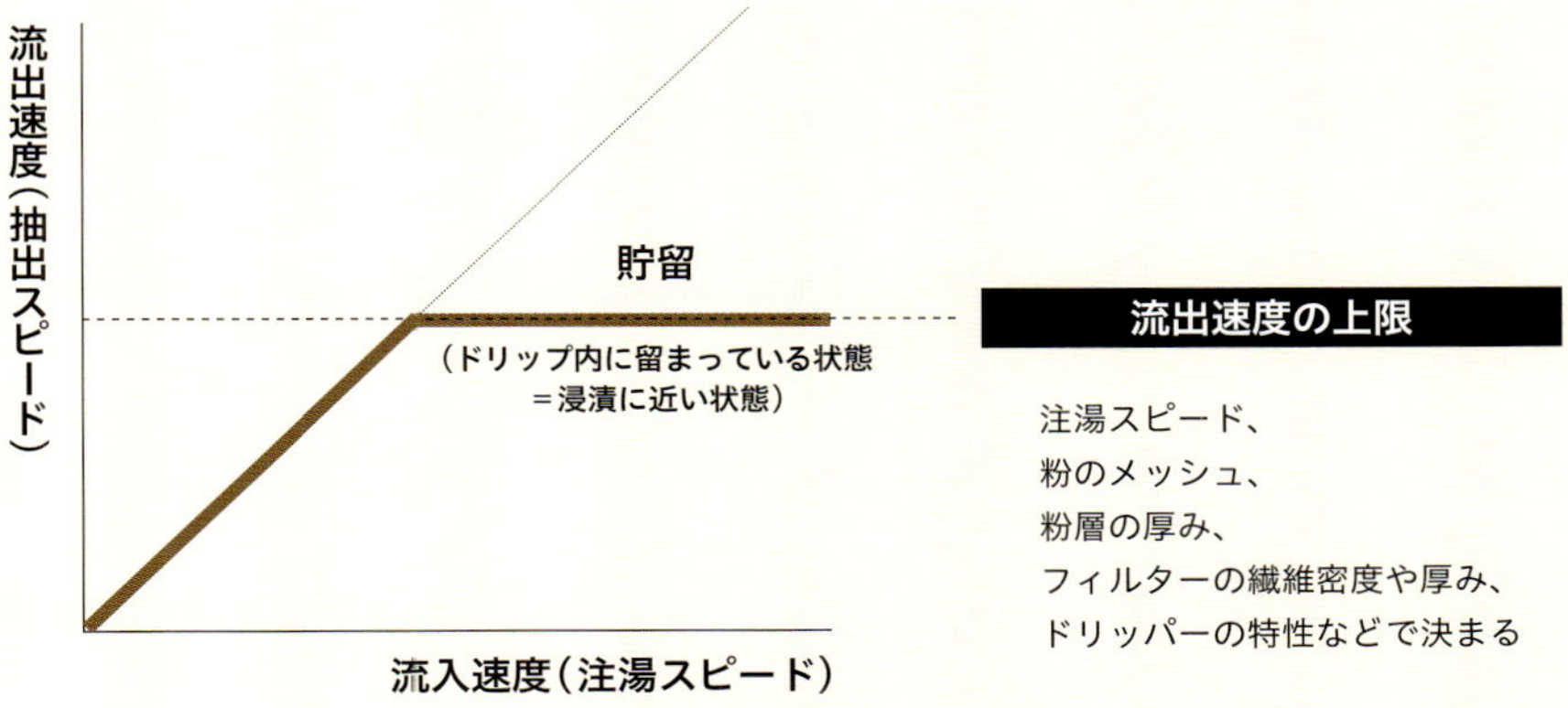

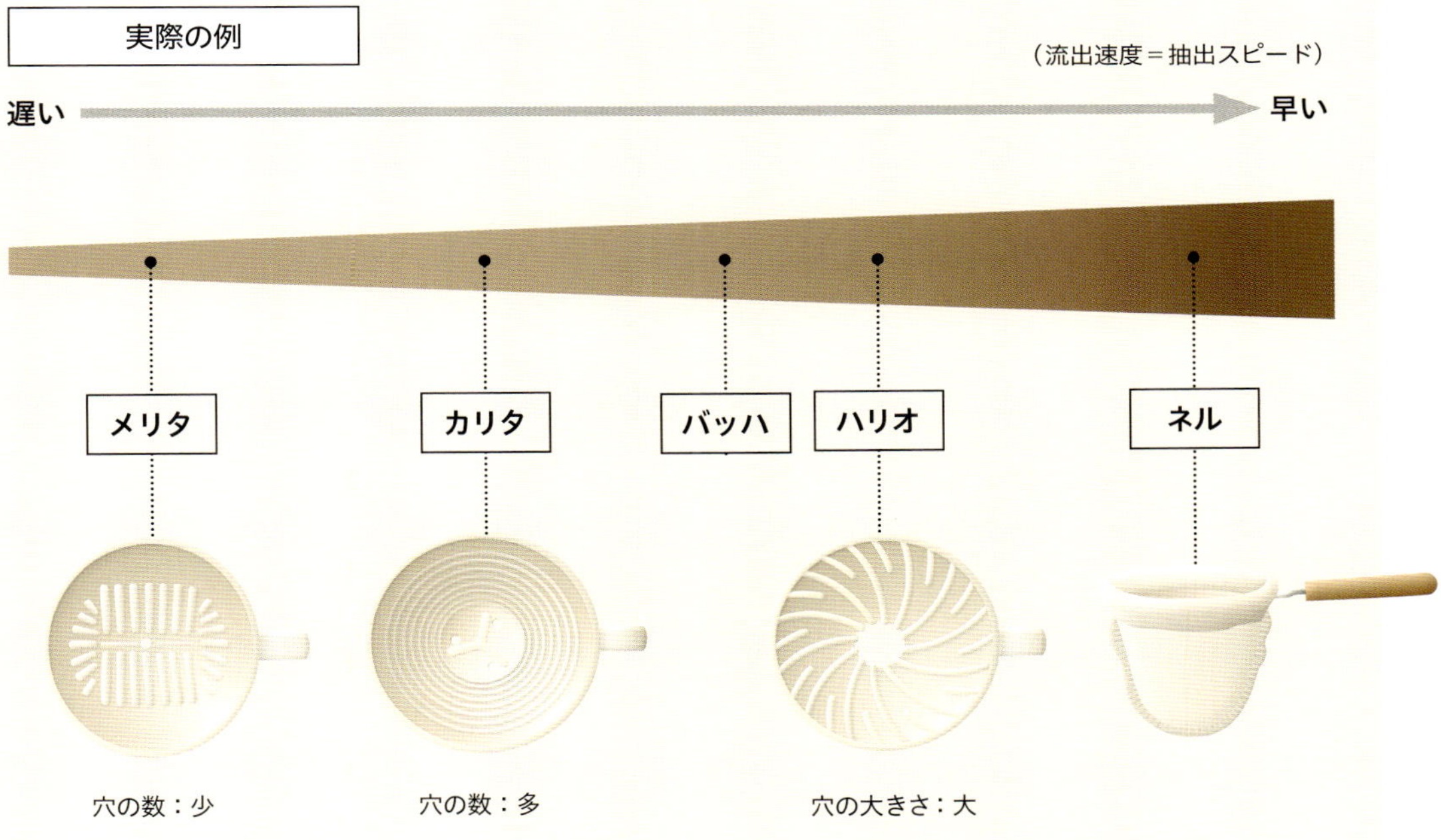

ドリッパー１つとってみても、穴の数や大きさ、リブの高さなどによってコーヒー液の流出速度は違ってくる。そこに粉の粒度やフィルターの繊維密度などが絡んでくるので、よりいっそう複雑になる。

ペーパードリップが誕生したのは１９０８年、ドイツのドレスデンに住むメリタ・ベンツが考案した。その当時は布や金網を使って抽出していたが、もっと手軽にできないかということから思いついたという。メリタ式は一つ穴で、注湯は一度きり。手順がシンプルで、誰にでも安定した抽出ができるものだった。

それから１００年を経て、今ではドリッパーには様々なタイプが誕生している。形で大きく分けると、バッハの使用しているスリーフォー、カリタ式やメリタ式などの台形型、そして、ハリオやコーノ、ドリッパーとサーバーが一体になったケメックスなどの円錐型がある。ドリッパーを横から見てみるとその形の特徴がわかるだろう。

また、穴の数では三つ穴のあるカリタ式が有名だが、近年、穴は横並びの一列ではなく、底面が広くなり三角に並んでいるカリタウェーブが登場した。ペーパーも円形のものをウェーブ状に成形してあり、空気抜きが容易なため、素早く抽出できる。間には二つ穴のもの（三洋産業）もあり、それぞれに得意な抽出がある。

ドリッパーの違いは、リブにも見られる。リブはドリッパーにある凹凸である。リブは、ドリッパーとペーパーフィルターが密着してしまわないように空気の抜け道を確保するという大変重要な役割を担っている。そのリブがどのように入っているかもドリッパーの機能の大きな違いとなって現れる。

一つ穴で、穴の大きさが大きなものも増えてきた。70年代に考案されたコーノの円錐ドリッパーをはじめ、ハリオのV60、三洋産業のフラワーなどがある。これらは、ネルドリップの特徴にペーパードリップでどこまで近づけるかという挑戦だったのだろう。

「注いだ湯ができるだけ厚い粉の層を通るように、ドリッパーの角度を急にし、リブを高くして空気の抜け道を確保しています。穴を大きく設計したのも、抽出液がスムーズに落ちるようにするためです。これは、ネルドリップに近づけていったからでしょう」（旦部氏）

その抽出器具は浸漬式なのか透過式なのか

抽出に使用する器具は浸漬式なのか、透過式なのか。両方を併せ持つ場合にはどちらに近いのか。注ぎ方の回数はどうか。そのドリッパーで抽出した場合に引き出せる味はどんなものなのか。それぞれについて簡易シミュレーションを行い、左ページの図31に大まかにまとめた。

注ぐ回数や注ぎ方など、それぞれのメーカーによって方法が異なるのは、ドリッパー自体に開発者が意図した特性があるからで、取扱説明書などにはその特性を十分に生かせる方法を推奨している。そこからスタートし、器具の特性を見極めて、機能を最大限に生かすような抽出を探ってほしい。2章の抽出の法則を理解すれば、どの抽出器具でも味のコントロールは可能である。

図表31｜抽出器具と味の関係

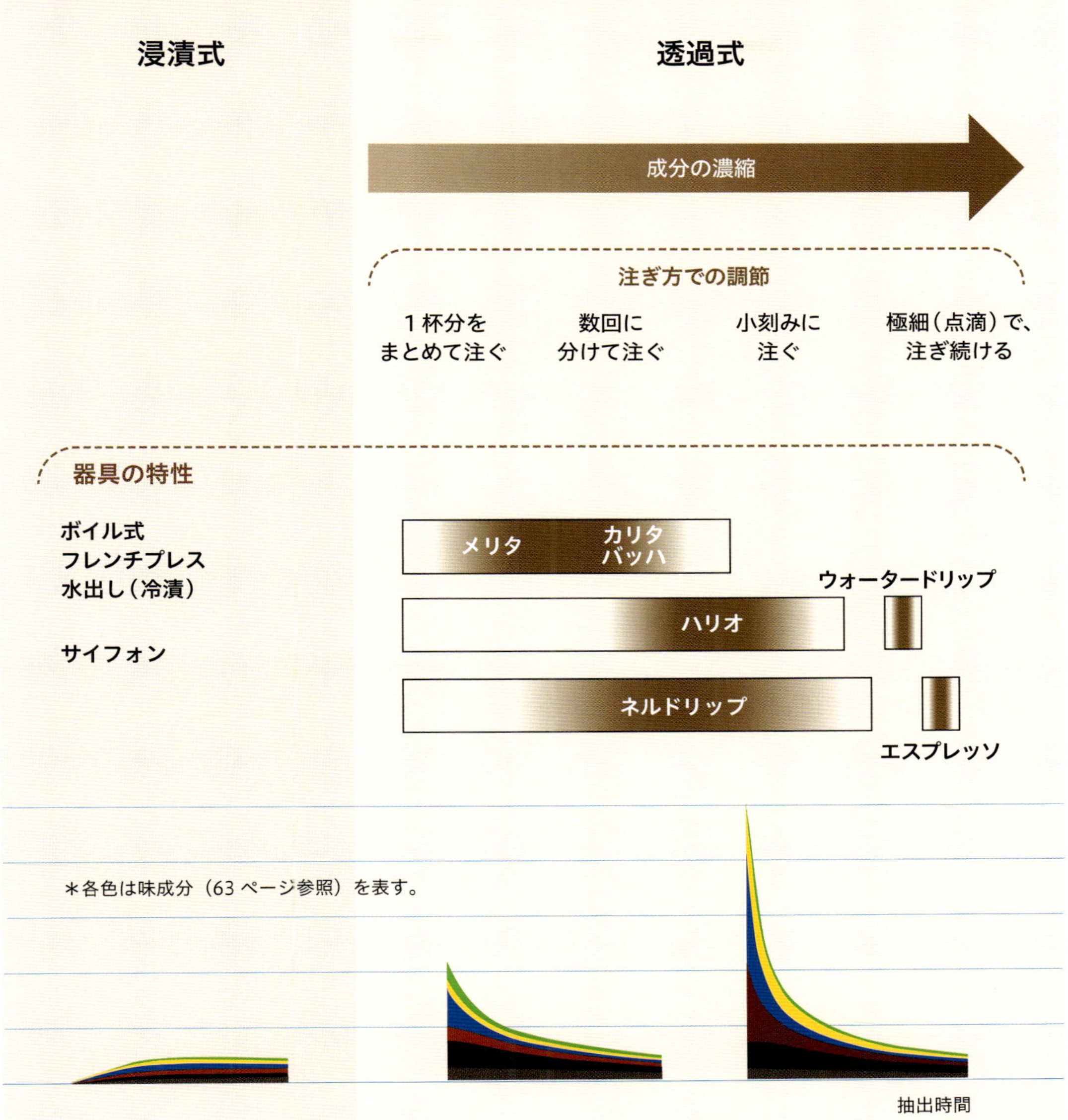

＊各色は味成分（63ページ参照）を表す。

- 抽出効率は総じて低め
- 溶け出しやすい成分はそれなりに出る
- 酸味またはキレの苦味を強調するバランス向き
- 比較的ブレが少ない

- 十分なコーヒーの苦味を引き出しつつ、酸味などとのバランスもとれる
- オールマイティな分、バランスを崩すと味のブレが大きくなる

- 溶け出しやすい成分や溶け出しにくい成分の増加は比較的小さく、その中間の成分が濃くなる
- コーヒー、エスプレッソの苦味を強調するバランス向き
- 比較的ブレが少ない

※それぞれの抽出器具を「透過式」と「浸漬式」に明確に分けることはできない。あくまでも器具ごとに「こんな味になる」という目安。
※粉の量や挽き方を同じとした場合の簡易シミュレーションの結果。サイフォンでは、濾過の時に若干、透過の影響が加味されることがある。

Chapter 3

2 器具別の抽出

この項では様々な抽出器具についての特色をおさえながら、実際の抽出、その味について考察する。
ここで取り扱うものは以下の器具である。

ペーパードリップ
一つ穴（大）　円錐型　透過式　ハリオV60
三つ穴　台形型　透過式　カリタウェーブ
一つ穴（小）　浸漬に近い透過式　メリタ

そのほか
ネル　透過式
金属フィルター　透過式
フレンチプレス　浸漬式

それぞれの器具について、ドリッパーの構造、その構造による味への影響、開発におけるターゲットなどを含めてメーカーへの取材を敢行した。また、実際の抽出の手順を撮影し、そのプロセスを明らかにする。

ここで取り上げる抽出器具についていえば、完全な浸漬式であるフレンチプレスを除いては、すべて基本的には透過式である。つまり、湯をコーヒーの粉の層に通し、ドリッパーから落ちてコーヒー液になるまでの間に、コーヒーの粉の成分をいかに湯に移すかということである。

ドリッパーによって形の違いや穴の数の違い、穴の大きさの違いなど、構造的な違いは多少あるが、それぞれのペーパードリップも、ネルも金属フィルターも、2章の6つの要素で考えれば、ドリッパーに最も影響を受けて変化する要素は抽出時間（スピード）である。

抽出スピードは、ドリッパーの形状、ペーパーの織り方や密度、表面の形状、ネルの布フィルターの生地、金属フィルターの目の詰まり具合などによって変化する。

ほかの要素については同じ条件に揃えることもできる。バッハの基本抽出と全く同じ条件の焙煎度、粉のメッシュ、粉の分量、湯の温度、抽出量で同じ注ぎ方でドリップし、その抽出時間の差を確認し、さらには抽出したコーヒー液をカップテストすれば、その抽出スピードと味の違いは明らかになるだろう。

条件さえ揃えることができれば、簡単に試すことができるので、それについてはぜひ各自で試してみてほしい。

コーヒーの味は複雑に組み立てられており、これまでに何度も述べてきたように味のストライクはピンポイントではない。ストライクゾーンはある程度存在し、そのうちのどこに投げ入れるかということも大きなテーマとなる。

ただし、今回我々は各ドリッパーの設計コンセプトを優先して、基本的にそれぞれのメーカーが推奨する条件をもとに、各ドリッパーで抽出を試みた。

その上で、2章と同様の項目についてカップテストを行った。結果をレーダーチャートに表すことで、それぞれのドリッパーの特性が明らかになるだろう。

同じチャート内に表示した基準となる線は、カフェ・バッハの基本の条件で抽出したコーヒーである。その基準線はカフェ・バッハが使用しているスリーフォー（三洋産業）で抽出した結果であるため、単純にほかの要素の比較とはならない。あくまでも目安としてみてほしい。

ドリッパーによっては、カフェ・バッハの基本の抽出とは異なる条件を推奨しているものも多いが、その要因の一つとして、市場に出回っている豆の多くは、条件の揃った煎りたてのコーヒーばかりではないこともあげられるだろう。特に、推奨されている温度が高いのは、どんな状態の豆でも、ある程度おいしく抽出されることを主眼においているのだと考えられる。

スペシャルティコーヒーが注目されるようになって、スペシャルティに限らず、生豆、焙煎豆は品質が向上している。かなり粒の大きさなども揃い、状態のよいものが出回るようになった。それでも「煎りたての豆」を入手することはまだまだ難しいのだろう。ドリッパーの開発においては、焙煎度、豆の鮮度にかかわらず、できるだけ簡単に、おいしくコーヒーを抽出するための工夫がされているといってよい。焙煎度や豆の鮮度などに対してできるだけ幅広いストライクゾーンをカバーできるように設定されている。

また、本書はペーパードリップの抽出をテーマにしているが、透過式の抽出器具として、ペーパードリップの前身ともいえるネルドリップ、そして、注目されつつある金属フィルターについても抽出カップテストを行った。

フレンチプレスについては、湯をコーヒー粉に浸して抽出する完全な浸漬式の抽出法となるが、浸漬式でも6つの要素による味のコントロールが可能なため、取り上げている。

これらの抽出についての考察は、器具の善し悪しをはかることではなく、それぞれの器具の設計に込められた思いを理解し、その特徴や個性をより詳しく知ることで、狙った味を引き出すためのヒントを提示することが目的である。

過去になんとなく購入していた抽出器具が眠っていないだろうか。今一度取り出して、メーカーや形状を確認し、その特性を生かして6つの要素を駆使して抽出してみよう。また違った味わいを楽しめるはずだ。

それらのことを念頭に置いて、それぞれのドリッパーの構造、抽出について明らかにしていこう。

a ペーパードリップ／円錐型／一つ穴／ハリオＶ60

円錐型で一つ穴のドリッパーは、穴の大きさが大きく、円錐形のペーパーフィルターの先がドリッパーの穴から下部に飛び出ているのが特徴である。

このタイプには、ハリオＶ60、三洋産業のフラワードリッパー、コーノなどがある。円錐型、一つ穴の目指すコンセプトは、コーヒーの濾過層を深く取ることで、ペーパードリップにネルドリップのもつよさを取り入れることである。

円錐型で大きな穴が一つ開いていることは同じだが、Ｖ60は内側に螺旋状の長いリブがあり、フラワーは上から見ると花のように見えるリブがある。どちらもペーパーとドリッパーの接触面が少なく、透過スピードをコントロールしやすい。注湯スピードを速くすればコーヒー液の抽出も速くなり、ゆっくり静かに注湯すれば、ゆっくりと抽出することができる。

一方、コーノ式はプロ向けに開発されたドリッパーで、内部には下半分にのみリブが入っており、上部にはリブがない。上部はペーパーが密着してコーヒーの抽出液が染み出さないような構造を狙ってつくられている。抽出方法もほかのものとは異なり、独自の淹れ方がある。点滴で注湯するところからスタートし、ゆっくりと抽出。その後もアクや微粉を泡に取り込みながら上部に集め、下部から狙った成分だけを落とすような仕組みだ。後半、注湯のスピードを上げていく際にも上部と下部を攪拌しないように静かに注ぐ必要がある。

ここではこれらの中でハリオＶ60に注目し、実際の抽出と、カップテストの結果などを見ていくこととする。

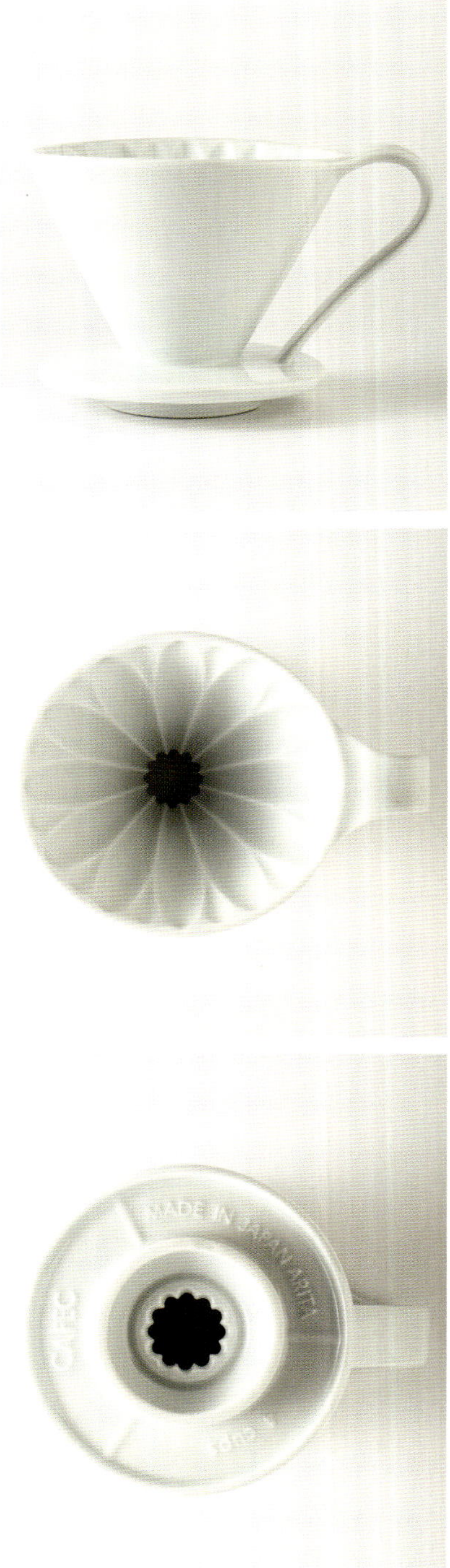

フラワードリッパー（三洋産業）は円錐型、一つ穴。リブの形状が独特で、上から見ると花のような形に見える。花びらのような形状は、新鮮なコーヒーの膨らみをおさえずにネルドリップの構造に近づけるため。

ハリオ V60 ドリッパーの構造

ハリオV60は円錐型、一つ穴。大きな穴の先に円錐形のペーパーフィルターが飛び出る。ドリッパーを上から見ると、ゆったりとした螺旋状のカーブがつけられたリブが、上部から穴まで施されている。正式名称はV60透過ドリッパーで、「スパイラルリブ」と呼ばれるリブがスムーズな透過を実現することで、抽出スピードを自在にコントロールすることが可能だという。

抽出の方法は32ページの基本の抽出と同様で、1投目を注いで蒸らし、その後はドリッパーの湯が落ちきる前に2投目、3投目と目的の抽出量に至るまで注ぐ。

ハリオ V60での抽出

1

1投目

2

蒸らし

3

2投目

4

2投目終わり

5

3投目

6

4投目終わり

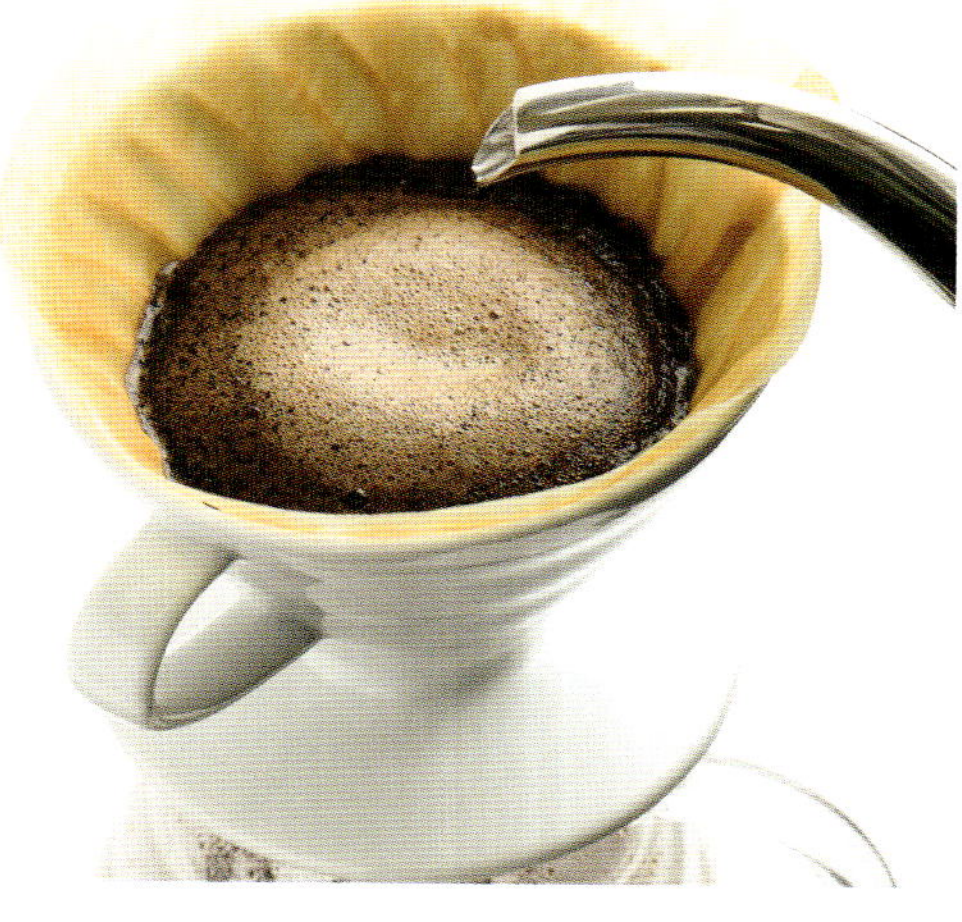

ハリオ V60　抽出カップテスト

ハリオV60で抽出したコーヒーの味についてカフェ・バッハ方式で
カップテストした（推奨範囲が広い場合にはバッハブレンドの基本の抽出条件に設定）。

抽出条件

● コーヒー粉 ……… バッハブレンド
(a) 焙煎度 ……………… やや深めの中深煎り
(b) 粉のメッシュ … 中挽き（5.5）
(c) 粉の分量 ………… 2人分 24g
(f) 抽出量 ……………… 300mℓ
※メーカー推奨は240mℓ

〔バッハの基本抽出と異なる条件〕
(d) 湯の温度 ………… 93℃
(e) 抽出時間 ………… 2分45秒（4投で終了）

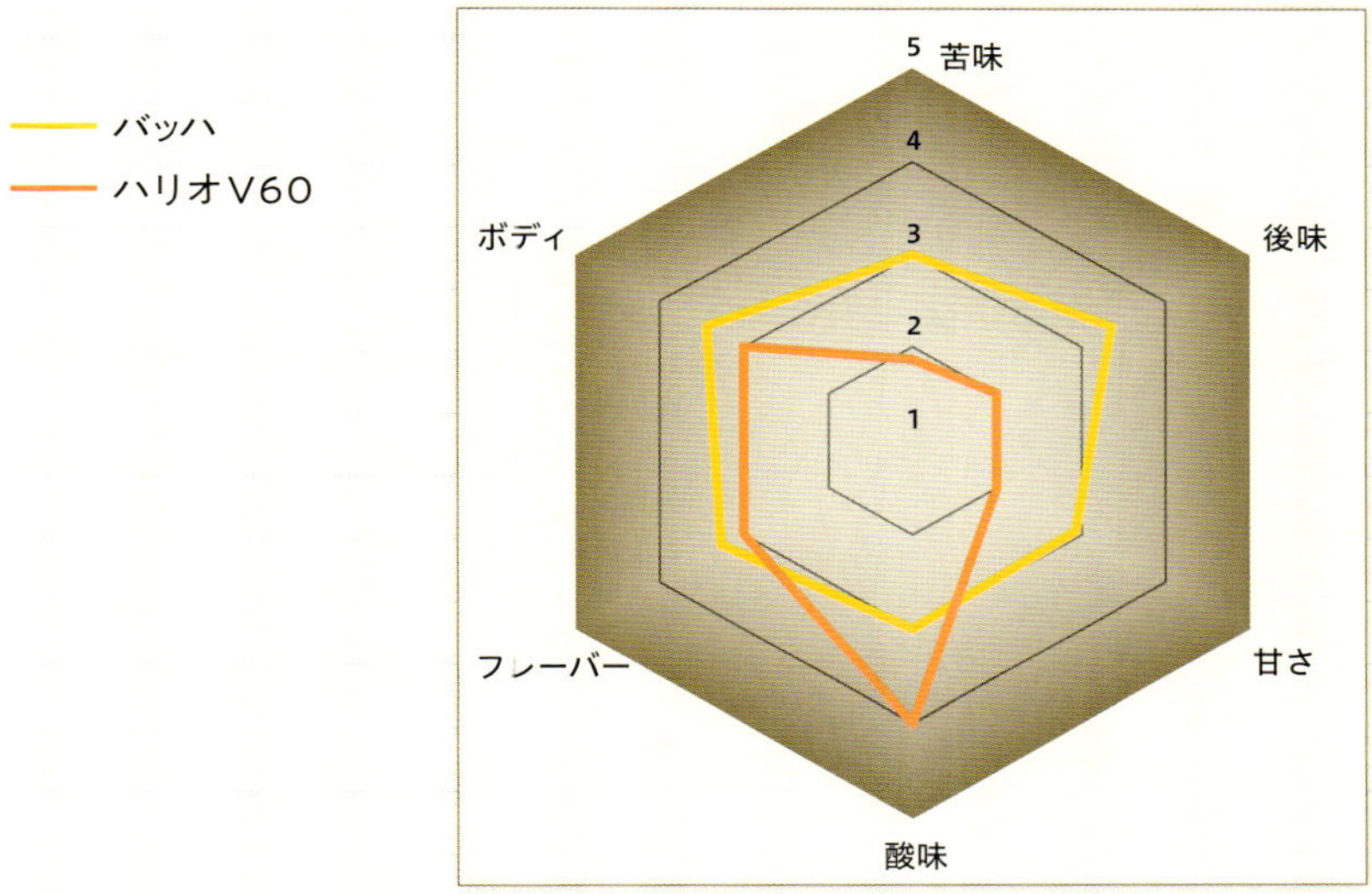

抽出時の印象メモ

後味
甘さ
苦味
ともに、バッハコーヒーで使用しているドリッパー・スリーフォーよりも湯が速く落ちるため、すっきりと控えめに抽出される。

フレーバー
ボディ
フレーバー、ボディともにほどよく豊か。

酸味
酸味をより感じる。

全体として
透過がスムーズで幅広い焙煎度に対応できる。全体の印象としてはフレーバー、酸味が前面に出る。抽出時間が短く、おいしいところだけを抽出する。
粉の分量を少し多めにするか、温度を少し下げると後半に出てくる苦味なども抽出し、後味や甘さも感じられるようになるだろう。

a ペーパードリップ／台形型／三つ穴／カリタ ウェーブ

カリタは、三つの穴が1列に並んだ従来のドリッパーが有名だが、現在は、ドリッパーの底部の面積を1・45倍に増やし、3角形に穴を配置した「ウェーブ」が認知を広げている。

ウェーブという名前からもわかる通り、ドリッパーにセットするペーパーフィルターに大きな特徴がある。ほかのドリッパーのペーパーフィルターはドリッパーにセットするまでは平面的で、使用する際に折るものがほとんどである。一方、ウェーブ専用のペーパーフィルターは大きな円形のペーパーを立体的に20個のひだをつくるように成形しているため、抽出前に折るなどの必要はなく、そのままドリッパーにのせるだけである。

コンセプトは、抽出のスピードを速め、すっきりと飲めるコーヒー。20個のひだが空気の逃げ道をつくり、遠心状に均一に湯が広がって透過させるイメージだ。湯の落ちる速度が速く、抽出後のコーヒー液は雑味が少ないといわれている。

ブレンドではなく単品の豆、浅煎りの豆を楽しむ人も増えてきた。そのため、さっと素早く落としたほうがそれぞれの豆の味の長所を引き出せるという考え方である。実際に、様々な豆の種類や浅煎りから深煎りまで、コーヒー豆の違いは明確に出る。

また、比較的技術に頼るところは少なく、家庭用として使用するのにも向いている。レギュラーコーヒーの家庭消費量も拡大している今、コーヒーのドリップに慣れていない人にとっても、安定して効率よく抽出でき、コーヒーの味をそのまま楽しむことができるドリッパーだといえるだろう。

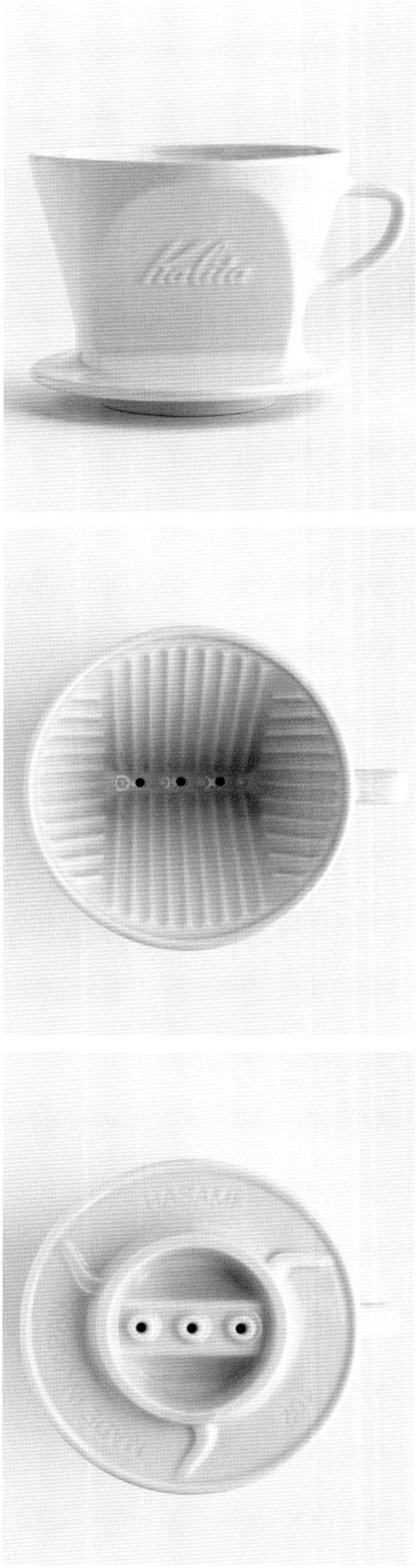

カリタのHA102ドリッパー。「HASAMI」は、長崎県の波佐見焼による陶磁器シリーズ。雑味が出る前においしさだけを引き出す三つ穴式の構造。従来からの三つの穴が1列に並んだドリッパーも健在。

カリタウェーブドリッパーの構造

カリタ ウェーブは台形型、三つ穴。波打つように形成された20のウェーブが空気の逃げ道をつくり、注いだ湯が効率よく円形に広がって抽出される。ドリッパーとペーパーフィルターが一体となってドリッパーの構造として成立させている。底面には三つの穴と、底面にペーパーが密着しないように浮かせるための突起を備えている。

抽出の方法は32ページの基本の抽出と同様で、1投目を注いで蒸らし、その後はドリッパーの湯が落ちきる前に2投目、3投目と目的の抽出量に至るまで注ぐ。

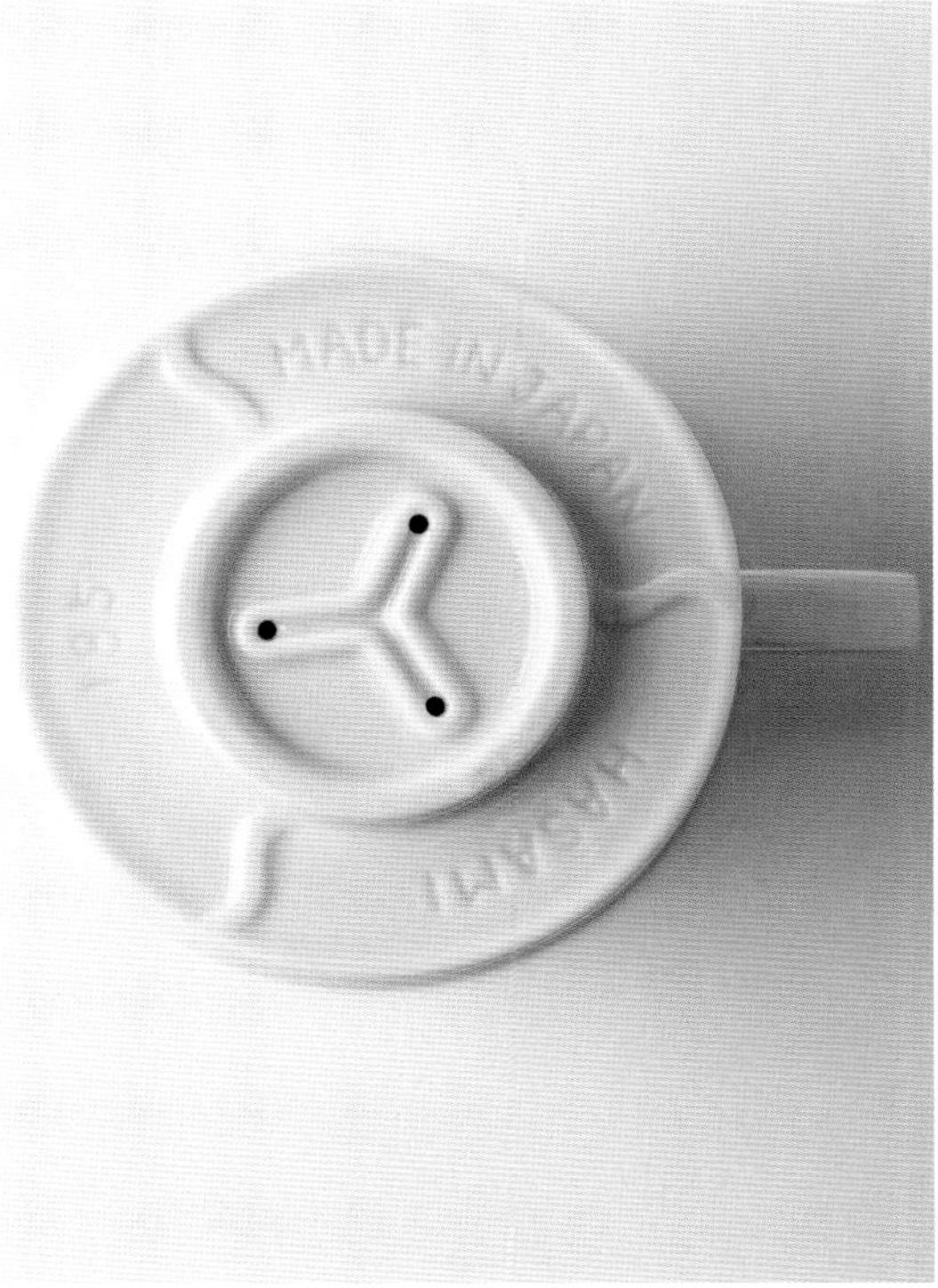

カリタ ウェーブ での抽出

1

1投目

2

蒸らし

3

2投目

4

2投目終わり

5

3投目

6

4投目終わり

カリタ ウェーブ　抽出カップテスト

カリタ ウェーブのメーカー推奨の条件で抽出したコーヒーの味についてカフェ・バッハ方式でカップテストした（推奨範囲が広い場合にはバッハブレンドの基本の抽出条件に設定）。

抽出条件

● コーヒー粉 ……… バッハブレンド
(a) 焙煎度 ……………… やや深めの中深煎り
(b) 粉のメッシュ …… 中挽き（5.5）
(c) 粉の分量 ………… 2人分 24g
(f) 抽出量 ……………… 300mℓ

〔バッハの基本抽出と異なる条件〕
(d) 湯の温度 ………… 92℃
(e) 抽出時間 ………… 2分59秒（4投で終了）

バッハ
カリタ

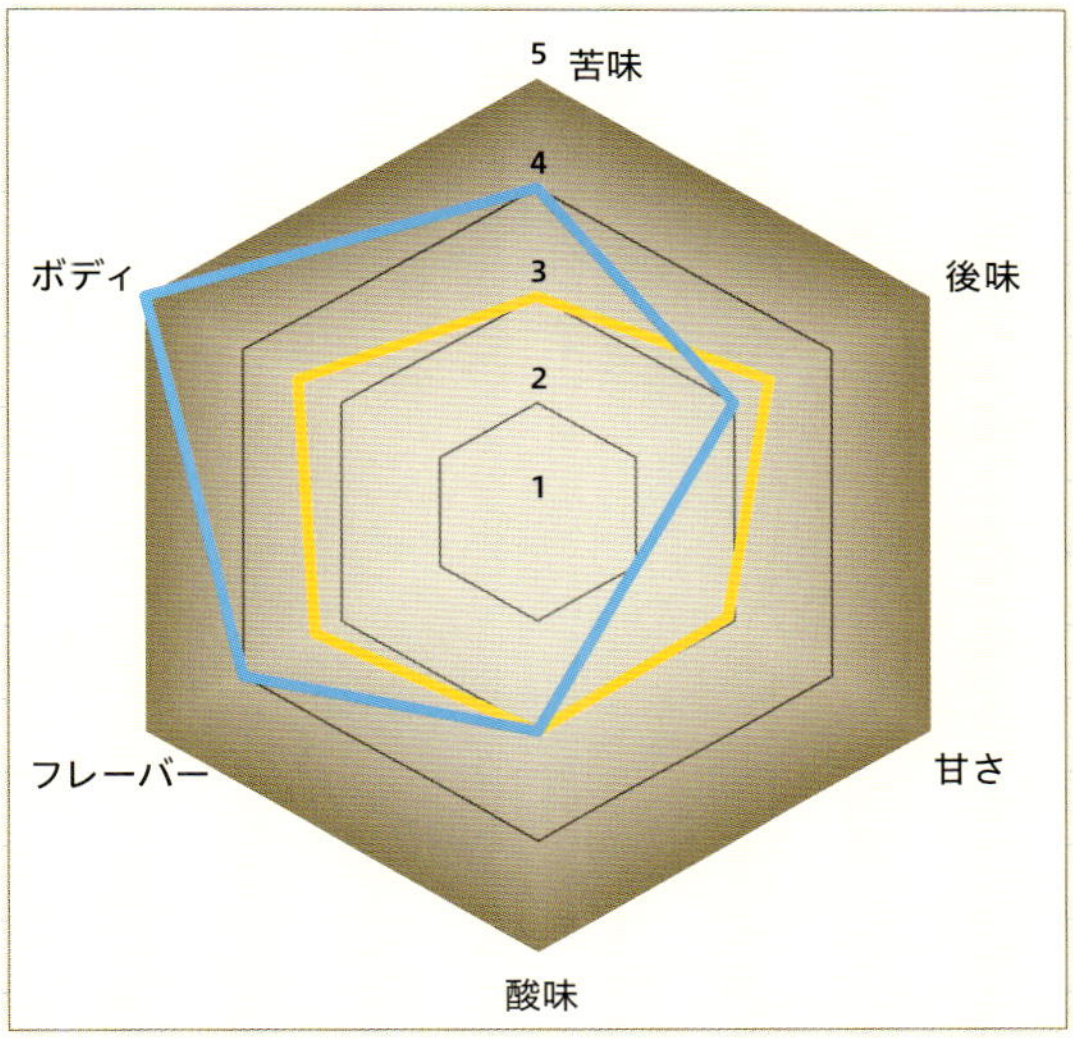

抽出時の印象メモ

フレーバー
ボディ・コク
それぞれしっかりと抽出される。豊か。

甘さ
あまり感じられない。

酸味
酸味はほどよい。

全体として
抽出スピードが速いため、目詰まりの心配が少なく、豆の状態にも大きく左右されずに抽出可能だが、湯の温度が高いので甘さがあまり感じられない。
焙煎度によるコントロールがしやすいので、好みで酸味を出したい時は中煎り、苦味を出したい時には深煎りの豆を使うとよい。

aペーパードリップ／台形型／一つ穴／メリタ

世界で最初に開発されたペーパードリップは20世紀初頭にドイツの主婦「メリタ夫人」ことメリタ・ベンツによって考案された。当時のドイツの家庭では、煮詰まってしまいがちなパーコレーターや、手入れが面倒なネルドリップ、微粉が混じりやすいマキネッタの原型などが一般的だった。それに不満を感じていた彼女は、真鍮製のポットの底に釘でいくつも穴を開け、その上にインク吸い取り紙を敷いて使うことを思いついた。すると手軽においしいコーヒーができたことから、起こした会社が現在のメリタである。その後も、他社に先駆けて「ドリッパーのスタンダード」をつくり上げてきたといえる。

現在、メリタのドリッパーは台形型で、底の中央に小さい穴が1つある。この「一つ穴」の方式に統一したのは1960年代のことで、それ以前は3～8つと穴を複数開けたものが多かった。つまり、あえて穴を1つにして、湯がドリッパーに溜まりやすくなるよう「改良」している。これは、ほかのドリッパーが湯の注ぎ方で抽出スピードを細かく調節するコンセプトなのに対して、メリタは目的量の湯を一度に入れるものとして設計されたからだろう。目的量の湯を一度に注ぎ、ドリッパーから落ちきるまでの時間で抽出できるよう調整されている。このため、初心者でもうまく淹れることができる。ただし、ほかのドリッパーに比べると浸漬式に近い抽出になる。

専用のペーパーフィルター「アロマジック ナチュラルブラウン」には、コーヒーのアロマ成分を抽出できるようにメリタ独自開発の超微細な「アロマホール」が開けられている。メーカーによると湯を注いですぐに立ち上る上質のアロマと、抽出初期に多く出る成分をよりスムーズに通すと解説されている。接合部分が二重になっており、一般のフィルターペーパーと比べて強い。また、世界の森林保全活動を推進している非営利団体FSC®から日本ではじめて認証を取得している。

メリタドリッパーの構造

メリタのドリッパーは台形型、一つ穴。円錐型とは異なり小さな穴なので浸漬式に近い透過式となる。リブは1～2杯用の1×1の場合は上まで、2～4杯用の1×2の場合は下半分にのみ入っており（写真は1×2）、底の部分は、最後の1滴まで抽出するように設計されている。

抽出の方法はほかのペーパードリップと異なる。1投目を注いで蒸らし、2投目で目的量まで湯を注ぎ、最後まで落としきる。注ぎ方によるブレが少なく、抽出スピードなどはドリッパーによってコントロールされる。

1 1投目

2 蒸らし

3 2投目

4 2投目

5 2投目

6 2投目終わり

メリタ　抽出カップテスト

メリタのメーカー推奨の条件で抽出したコーヒーの味についてカフェ・バッハ方式でカップテストした（推奨範囲が広い場合にはバッハブレンドの基本の抽出条件に設定）。

抽出条件

● コーヒー粉 ……… バッハブレンド
(a) 焙煎度 ……………… やや深めの中深煎り
(b) 粉のメッシュ …… 中挽き（5.5）

〔バッハの基本抽出と異なる条件〕
(c) 粉の分量 ………… 2人分 16g
(d) 湯の温度 ………… 93℃
(e) 抽出時間 ………… 2分47秒（2投で終了）
(f) 抽出量 …………… 250mℓ

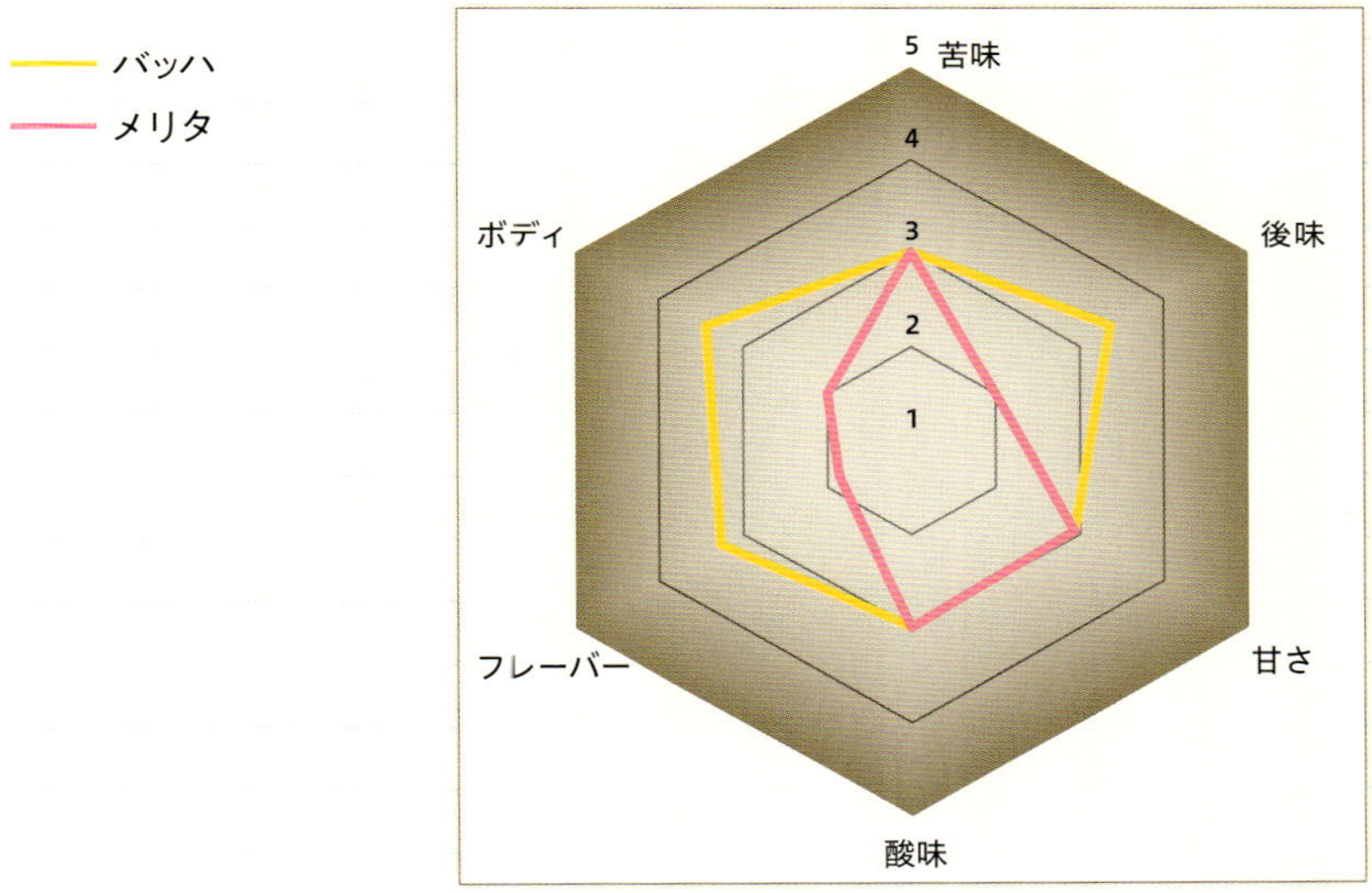

抽出時の印象メモ

フレーバー
ボディ
後味

それぞれ少し控えめに感じられる。

酸味
苦味
甘さ

酸味も抽出されるが苦味も残り、甘さも感じられる。

全体として

酸味や苦味がほどよく抽出され、甘さも感じる。
浸漬式に近いこととペーパーの小さな穴の効果か、
少しオイリーな感じも抽出される。
技術にあまり左右されないので誰でも簡単に抽出することができる。

b ネルドリップ

ネルは、ペーパードリップの原型で、布フィルターを使用して抽出する。味はまろやかに仕上がり、専門店やプロ好みのこだわりの抽出法といわれるが、その理由は抽出の難しさよりも、手入れが面倒という点だろう。新品をおろす際には布のにおいや糊を取り除くため少量のコーヒー粉を入れた湯で必ず一度煮沸してから使用する。また、使うたびに水洗いし、清潔な水を張った容器に保存。水は1日1度必ず交換する。乾燥させるとネルに入り込んだコーヒーの脂肪分が酸化してしまう。

使用後、洗ったネルを一度よく絞り、容器に清潔な水を張って冷蔵庫などに保管する。

ネルドリップの構造

コーヒー粉の濾過層がペーパーフィルターより厚くなり、蒸らしが十分にできる。また、濾過スピードが均一になりやすい。ネルフィルターは好みによって形を変えることもできる。ただし、使い込んでいくうちに目詰まりしてフィルターとしての質が変化し、その変化を見ながら抽出のコントロールが必要になる。また、一定期間が過ぎたらネルフィルターの交換も必要だ。

抽出の方法はペーパードリップの基本の抽出（32ページ）と同様で、1投目を注いで蒸らし、その後はドリッパーの湯が落ちきる前に2投目、3投目と目的の抽出量に至るまで注ぐ。

ネルドリップでの抽出

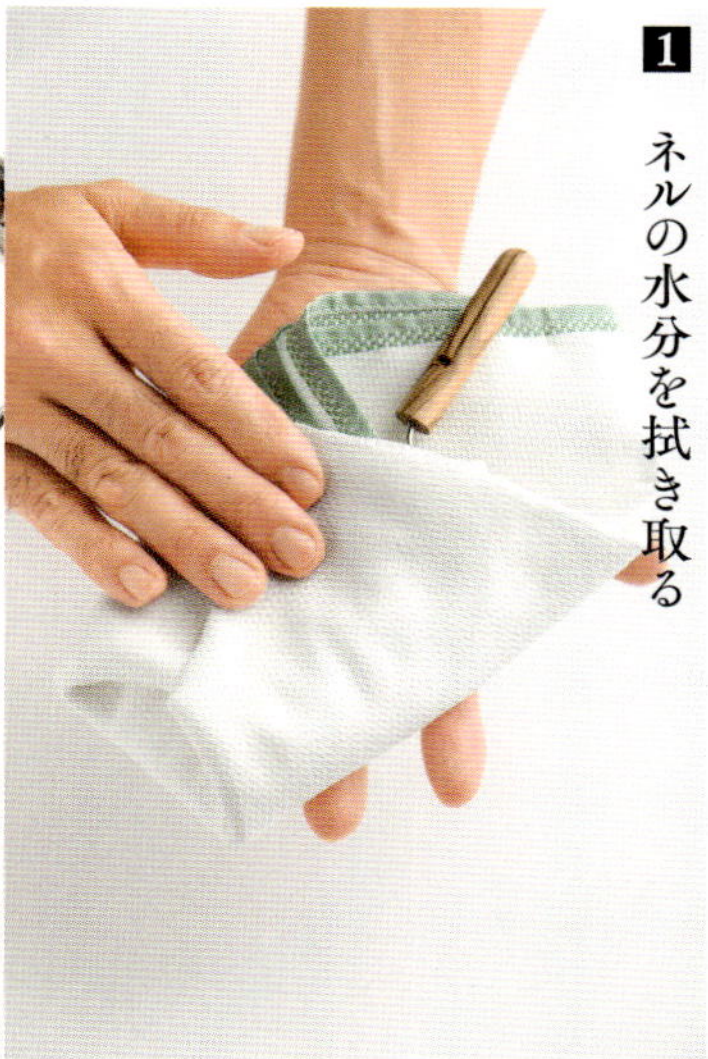
1 ネルの水分を拭き取る

2 1投目

3 蒸らし

4 2投目

5 2投目終わり

6 3投目

1 ネルフィルターは設置する前に保管していた容器から出し、軽く水洗いしてよく絞る。さらに布巾などでしっかりとおさえ、水分を十分に吸い取ってから設置してコーヒー粉を入れる。

2 1投目。ペーパードリップの基本抽出と同様に、ポットの注ぎ口を粉面に近づけてそっとのせるように湯を注ぐ。

3 サーバーに抽出液がわずかに落ちるくらいまで注いだら蒸らす。蒸らし時間は20～30秒。ネルはドリッパーのように密着した遮蔽物がないため、多少湯温が高くても空気がどこからでも抜け、粉面に穴が開いたり割れるなどの失敗はほとんどない。

4 2投目。基本的には基本抽出と同様に「の」の字を書くようにゆっくりと注ぐ。粉の周縁部やネルフィルターの生地には直接湯を当てないように気をつける。

5 ネルはコーヒー粉の層が厚くなるため、コーヒーの成分をじっくりと抽出することができる。

6 3投目。3投目以降の注湯は湯が落ちきる前に再開してスピードを少し上げ、細かい泡がたくさん出るように注ぐ。注湯スピードと落ちるスピードが同じくらいが目安。目標の抽出量でドリッパーを外す。

ネルドリップ　抽出カップテスト

ネルドリップのメーカー推奨の条件で抽出したコーヒーの味についてカフェ・バッハ方式でカップテストした（推奨範囲が広い場合にはバッハブレンドの基本の抽出条件に設定）。

抽出条件

● コーヒー粉 ……… バッハブレンド
(a) 焙煎度 ……… やや深めの中深煎り
(b) 粉のメッシュ … 中挽き（5.5）
(c) 粉の分量 ……… 2人分 24g

〔バッハの基本抽出と異なる条件〕
(d) 湯の温度 ……… 93℃
(e) 抽出時間 ……… 2分40秒（3投で終了）
(f) 抽出量 ……… 240mℓ

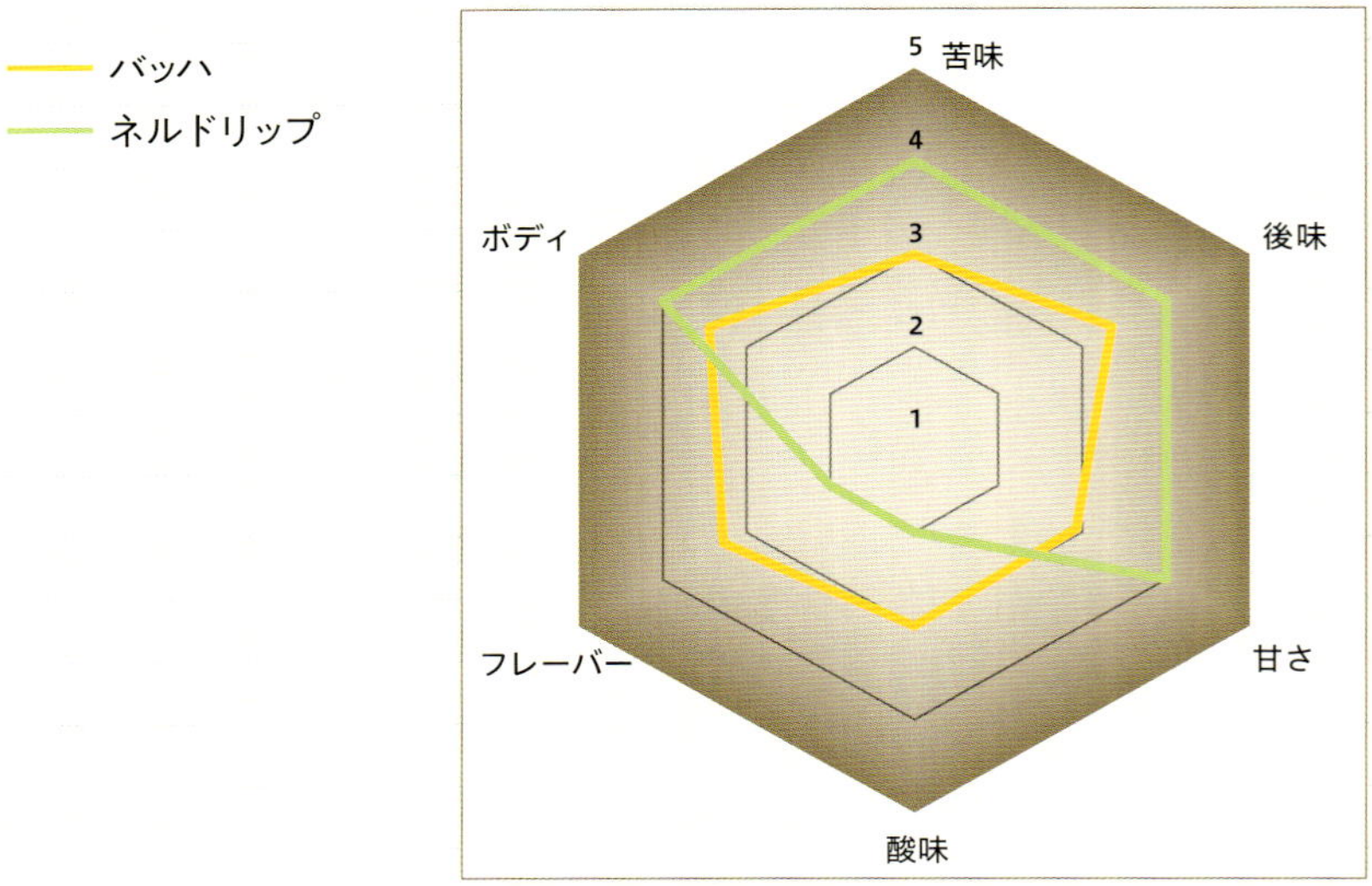

抽出時の印象メモ

ボディ・コク
後味
甘さ
苦味

ともに、温度が高くてもしっかりと引き出すことができる。

フレーバー
酸味

フレーバー、酸味、ともに控えめ。特にフレーバーに関しては、息を止めて飲んでも息をしながら飲んでもあまり違いがない。

全体として

浅煎りの豆だと渋みが出てしまうので、深煎りや中深煎りが最適。
豆の種類や原料の個性よりも、抽出器具の個性が前に出る。
ネルフィルターの手入れは絶対に怠らないことが前提。ネルフィルターの形、大きさ、ネルの起毛を表にするか裏にするかなどのこだわりが味を左右する。

c 金属フィルター

ペーパーを使わず、金属の細かい網目をフィルターとして利用する金属製のドリッパー。ステンレスや、金メッキを施したものなど素材も様々。小さな穴でパンチングされたもの、杉綾《すぎあや》織《おり》のようなもの、スリット状のものがある。

専用ホルダーとセットになったもの、金属フィルター単体のものもある。写真は一体型のハリオ メタルドリップデカンタ。微粉などが詰まって目詰まりを起こしやすいので、柔らかいブラシでしっかりと中性洗剤で洗い落とす。

形としては円錐型ドリッパーに近く、底部もすべてメッシュで穴はない。抽出時には全体からコーヒー液が染み出す。

金属フィルターの構造

金属フィルターは穴が目視できるほどの大きさであるため、油脂分の抽出量が増加するほか、微粉も通してしまうことが多い。豆を挽いた後、微粉はしっかりと取り除いて使用したい。油脂分が独特の口当たりを感じさせる。使用後の粉を流す際は、排水溝が詰まってしまう恐れもあるためネットで受けるなど、排水口に流さないよう対策が必要。抽出の方法はペーパードリップの基本の抽出（32ページ）と同様で、1投目を注いで蒸らし、その後はドリッパーの湯が落ちきる前に2投目、3投目と目的の抽出量に至るまで注ぐ

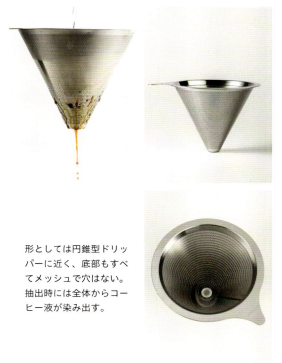

金属フィルターでの抽出

1

1投目

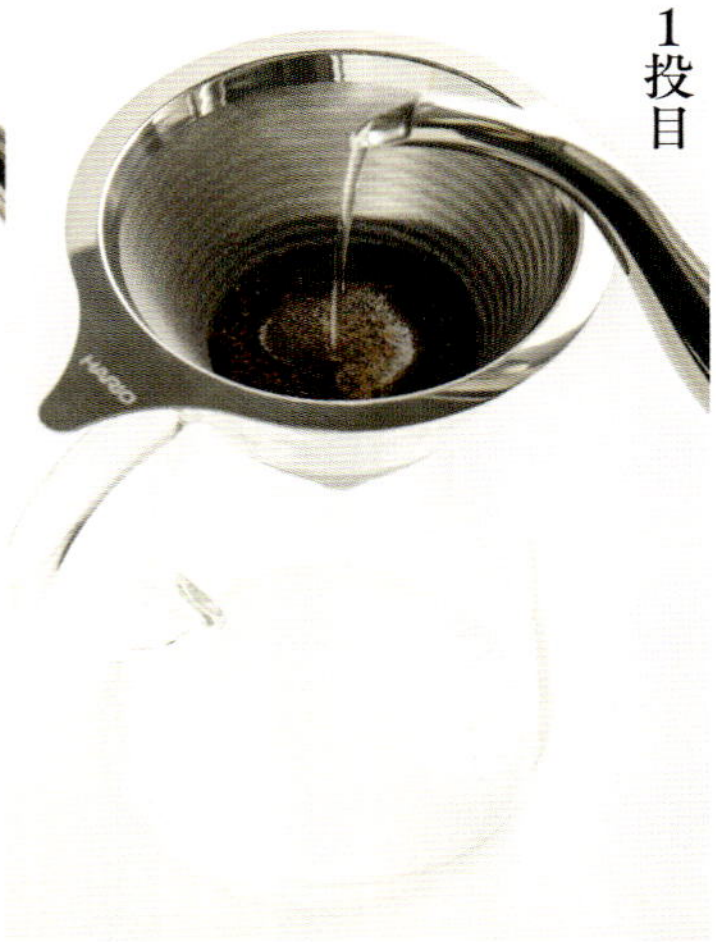

2

蒸らし

3

2投目

4

2投目終わり

5

3投目

6

4投目終了

1 金属フィルターに粉を入れ、軽く揺すって平らにする。1投目。ペーパードリップの基本抽出と同様にポットの注ぎ口を近づけてそっとのせるように湯を注ぐ。

2 サーバーに抽出液がわずかに落ちるくらいまで注いだら蒸らす。蒸らし時間は20～30秒。

3 2投目。基本的にはペーパードリップの基本抽出と同様に「の」の字を書くようにゆっくりと注ぐ。粉の周縁部には直接湯を当てないように気をつける。

4 金属フィルターの目の細かさとメッシュとの関係性にもよるが、抽出液が落ちるスピードがペーパードリップとかなり異なるので、加減をしながら湯柱をコントロールして注ぐ。

5 3投目。3投目以降の注湯は湯が落ちきる前に再開し、目標の抽出量でドリッパーを外す。

金属フィルター　抽出カップテスト

金属フィルターで抽出したコーヒーの味についてカフェ・バッハ方式でカップテストした（推奨範囲が広い場合にはバッハブレンドの基本の抽出条件に設定）。

抽出条件

● コーヒー粉 ……… バッハブレンド
(a) 焙煎度 ……………… やや深めの中深煎り
(b) 粉のメッシュ …… 中挽き（5.5）
(c) 粉の分量 …………… 2人分 24g
(f) 抽出量 ……………… 300mℓ
※メーカー推奨は240mℓ

〔バッハの基本抽出と異なる条件〕
(d) 湯の温度 ……………… 93℃
(e) 抽出時間 ……………… 4分04秒（4投で終了）

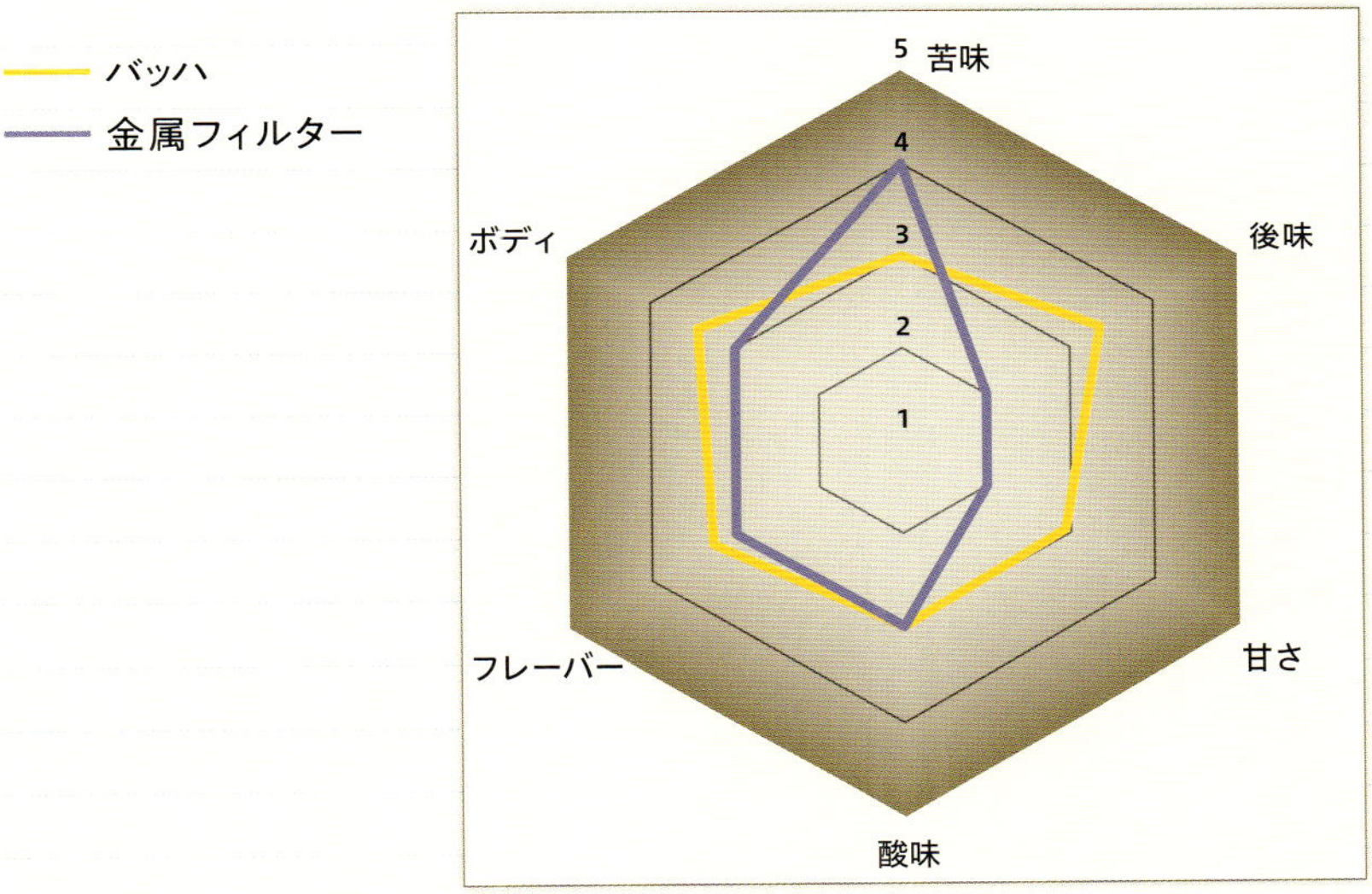

抽出時の印象メモ

後味
甘さ
ともにすっきりと控えめに出る。

苦味
苦味がやや強め。

全体として
ペーパードリップのハリオやカリタなどよりもかなりゆっくりと抽出液が落ちるため、抽出時間が長くなる。

そのため、時間がかかり苦味が強めに出る。

中深煎りではなく中煎りくらいの焙煎度で、もう少し粗めのメッシュにするとメタルの特徴を出すことができそうだ。

フレンチプレスのよさとペーパードリップ円錐型（1つ穴）のよさを併せ持つ。

d フレンチプレス

紅茶を抽出するように、湯にコーヒー粉を浸して抽出する完全な浸漬式抽出法。金属のフィルターでプレスするため、豊富な油脂分とともにその豆がもつ特徴をそのままに引き出す。粉を入れて一気に湯を注ぐため誰にでも簡単に入れられるイメージだが、細やかな配慮も必要だ。蒸らしをしっかりすること、静かに湯を注ぐこと、最後に、プレスするタイミングを見極めることである。この3つをしっかりと行えば、誰にでもブレのないコーヒー抽出ができるはずだ。

湯を注いだ後、中のコーヒー液の動きがおさまり、コーヒーの粉が下に沈むのを待つ。後ろから光を当てると中の様子がよくわかる。

フレンチプレスの構造

浸漬式の代表的な抽出法だが、蒸らし時間や湯の注ぎ方などが味に大きく影響する。抽出後、金属のフィルターでプレスすることでコーヒー粉を濾過し、コーヒー液と分離する。

抽出の方法はペーパードリップの基本の抽出（32ページ）のように、湯がコーヒー粉全体に行き渡るようにしてから十分に蒸らし、その後も湯を注ぐ際にはコーヒーの粉が暴れないように傾けて静かに注ぎ込む。プレスする際にも勢いよく押したり、何度も上下させることは厳禁だ。粉が踊らないようにすることがポイントである。

フレンチプレスでの抽出

1 静かに湯を注ぐ

2 蒸らし

3 湯を追加

4 注ぎ終わり

5 蓋をする

6 プランジャーを下げる

1 コーヒー粉を入れて左右に軽く揺らして平らにし、コーヒー全体が湿る程度に静かに湯を注ぐ。

2 全体に湯が行き渡ったらそのまま１分程度蒸らす。

3 持ち手を持ってガラスボールを傾け、ガラスの側面に沿って湯を静かにゆっくりと流し入れる。できるだけコーヒー粉を暴れさせないように慎重に。

4 湯が上部にくるにつれ、傾きを少なくする。

5 そっと蓋をして、コーヒー粉の動きがおさまるのを待つ。約２分。

6 コーヒー粉の動きがおさまったらゆっくりとプランジャーを押し下げてできあがり。カップに注ぐ。

フレンチプレス　抽出カップテスト

フレンチプレスのメーカー推奨の条件で抽出したコーヒーの味についてカフェ・バッハ方式でカップテストした（推奨範囲が広い場合にはバッハブレンドの基本の抽出条件に設定）。

抽出条件

● コーヒー粉 …… バッハブレンド
(a) 焙煎度 …… やや深めの中深煎り
(b) 粉のメッシュ …… 中挽き（5.5）

〔バッハの基本抽出と異なる条件〕
(c) 粉の分量 …… ２人分 20g
(d) 湯の温度 …… 93℃
(e) 抽出時間 …… 3分30秒（蒸らし１分）
(f) 抽出量 …… 240mℓ

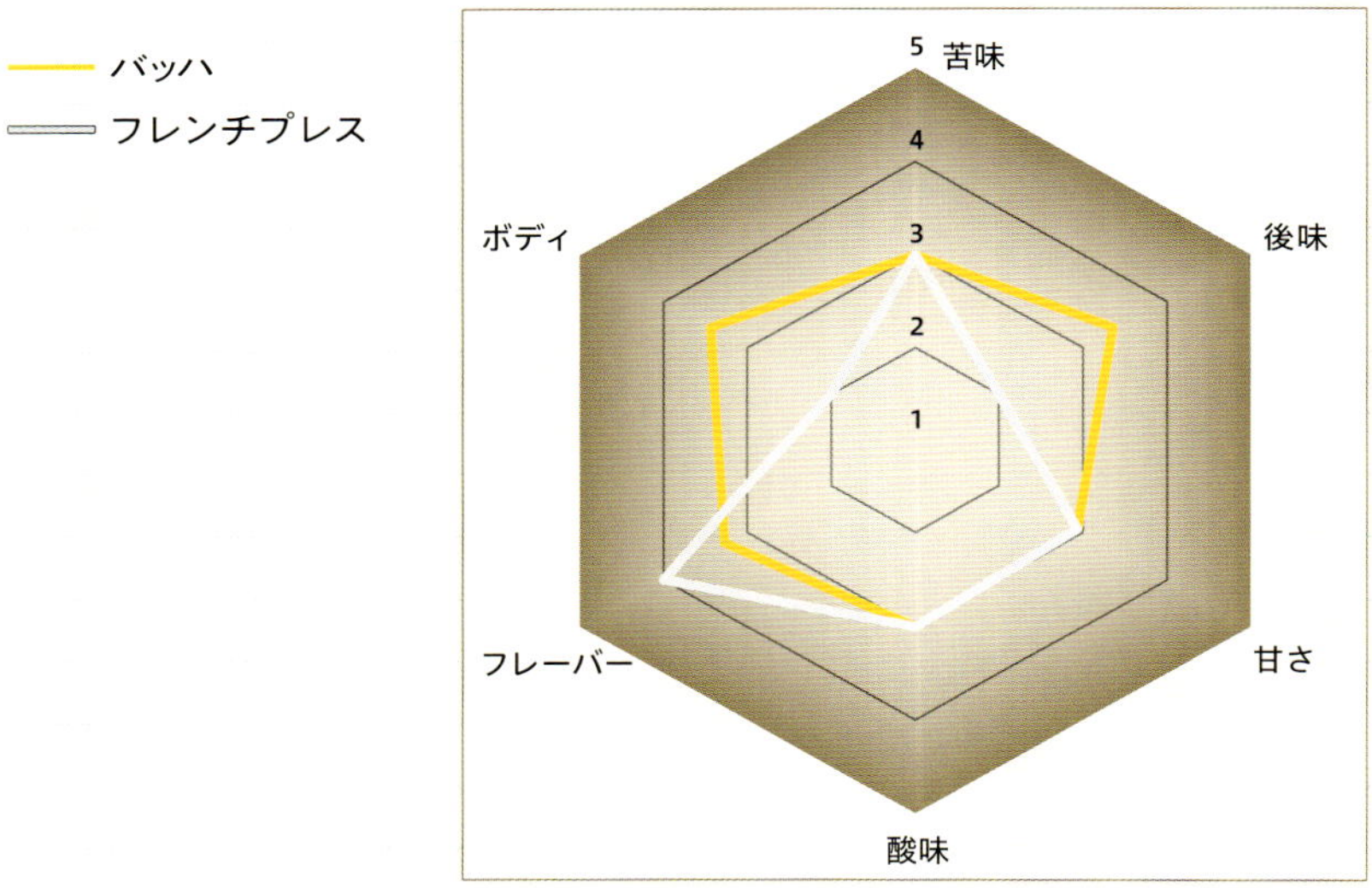

抽出時の印象メモ

フレーバー
酸味
甘さ

フレーバー、酸味、甘さが生かされている。中深煎り、中煎りの豆が向いている。
浸漬式のため成分が全体的に濃く出る。
また、オイルは香りが吸着しやすいといわれている。

全体として

微粉は混ざり込むが紙や布で濾過をしないストレートな味。
豆の質、焙煎度による味をより引き出す。豆の品質が味を左右するが、
ダイレクトな味を楽しめる。蒸らし時間をしっかり確保し、
静かに注ぎ入れることがポイント。

Chapter 3

3 カップテストで極める味のコントロール

これまでに紹介した2章の「味を決める法則」や、3章の「様々な器具での抽出」を理論として理解した後は、とにかく、すぐに実際に味のコントロールを実践してみることだ。

仕組みをいくら理解したところで、味をコントロールしてコーヒーを淹れることはできない。まずは手元にある抽出器具で6要素の条件を段階的に変えてみる。時にはこれまでに使ったことのない抽出器具に手を出してみるのもよいだろう。これまでと少し変えるだけで味が変わることは、驚きの体験となって体に刻み込まれ、感覚を鍛え、記憶に残るはずだ。

味の最終チェックを記録に残し検討する

味のコントロールを極めるためには、自らが少しでもおいしいと感じるものを目指すのか、店のターゲット層を考えてその好みに寄せるのか、流行の味をピンポイントに探るのか。自分自身がどうしたいかによって、味の方向性を決め、その味に近づくように突き詰めていけばよい。

味を決めるまでに何度も何度も条件を変えて抽出を繰り返せば、自ずからテクニックも磨かれ、味覚も研ぎ澄まされていく。その時、最も重要なこととして、カップテストの記録を取ることを忘れてはならない。

ドリップしたコーヒーを飲んだ時、「ちょっと酸味が強いな」「渋みがあるぞ」などと漠然と感じるだけでは、その後への展開は期待できない。

カップテストはコーヒーの味の最終チェックである。チェックした味をもとに、その条件で抽出した時の長所や短所（気になる点）を振り返り、次にどの要素をどのくらい変えることで理想の味に近づけることができるのかを客観的に検証するのである。

バッハコーヒーグループの勉強会では、様々な疑問点について焙煎記録カードやカップテストカードを添えてもらい、質問に答えている。そうするとどこに問題があるのか、見つけやすくなる。カップテストにもいくつかの方式が存在するが、ここでは、抽出器具を使うことなくテストするSCAJ方式のカップテストと、抽出器具を使用して実際の抽出液を比べるカフェ・バッハ方式のカップテストを紹介したい。

SCAJ方式のカップテスト

カップテストにも様々な歴史がある。昔はコーヒー豆の欠点を見つけるためのネガティブな点、欠点を探して評価するネガティブテストによるブラジル方式が主なものだった。その後、スペシャルティコーヒーの登場により、最初から高品質であることが保証されている豆が増え、カップテストは、然るべく、美点を見つけるポジティブテストが主流になってきた。

国や文化によっても味の評価の志向は異なり、欧米では「香り」、日本では「味」を志向する傾向にある。コーヒーの味を大きく左右する苦味の評価がないことに物足りなさはあるが、ここでは日本スペシャルティコーヒー協会が採用しているSCAJ方式のカップテストを紹介しよう。

1 用意するもの／焙煎豆を挽いたコーヒー粉(10g) を入れたグラス、カッピングスプーン、スプーンを洗うための水を入れたグラス、コーヒー液を捨てるためのカップ、熱湯。

2 湯を注ぐ前にコーヒー粉の香り（フレグランス）を嗅ぐ。

3 グラスに熱湯(95°C前後)を 180㎖注ぐ。

4 3分蒸らす。

5 表面の粉を崩すと、閉じ込められていた香りが一気に立ち上る。グラスに鼻を近づけ、香り（アロマ）をチェックする。

6 表面の泡をスプーンで取り除く。

7 **8** スプーンでコーヒー液をすくい、勢いよく啜り込む。この際、少し口を開き気味にし、空気をズズーッと吸い込んで霧状にし、においの分子を気化させて後鼻道で感知させる。

いくつかのカップテストをする際は、口に含んだコーヒーは吐き出し、スプーンはきれいなグラスの水でよくすすいで次のカップに移る。

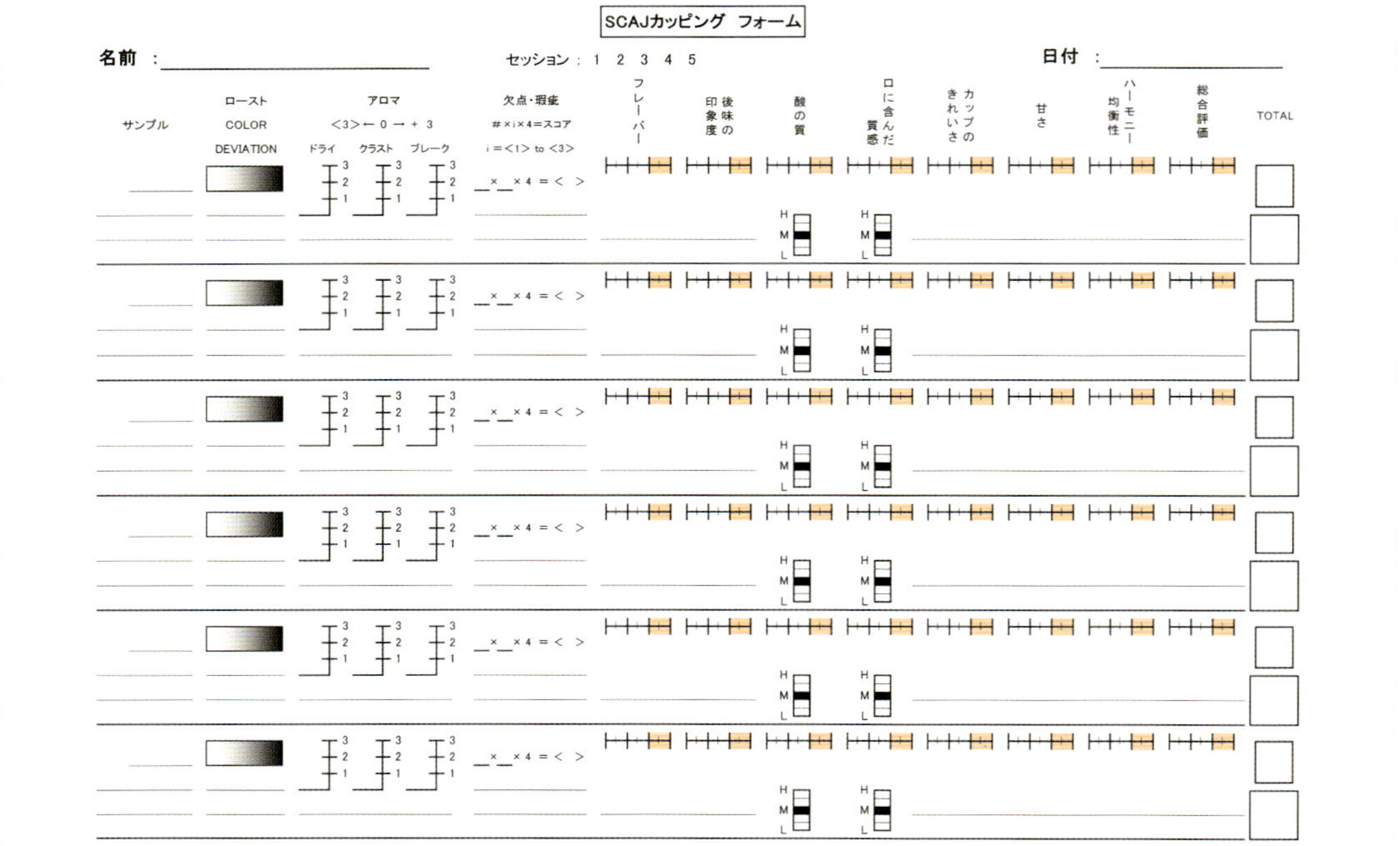
SCAJカッピング フォーム

名前 :

セッション : 1 2 3 4 5

日付 :

サンプル / ロースト COLOR DEVIATION / アロマ <3>←0→+3 ドライ クラスト ブレーク / 欠点・瑕疵 #×i×4=スコア i=<1> to <3> / フレーバー / 後味の印象度 / 酸の質 / 口に含んだ質感 / カップのきれいさ / 甘さ / ハーモニー 均衡性 / 総合評価 / TOTAL

まずはローストやアロマを確認し、そのほかに、フレーバー、後味の印象度、酸の質、口に含んだ質感、カップのきれいさ、甘さ、ハーモニー（均衡性）、総合評価の8項目について1項目8点満点で点数をつける。

1
2
3
4
5
6
7
8

カフェ・バッハ方式のカップテスト

この本で読者に勧めたいのは、通常のペーパードリップで抽出したもののカフェ・バッハ方式のカップテストである。

実際に店で独自に行っているのは、まず新しい豆のサンプルを中煎り、中粗挽きにし、2つのグラスに10g入れて熱湯180㎖を注ぐ。そして、SCAJ方式で通常のカップテストを行う。さらに、生豆から店頭で出す焙煎度に焙煎し、それぞれ適正のメッシュに挽いたものを通常のペーパードリップで抽出。コーヒー液をカップに注いでテストスプーンでカップテストを行う。

抽出したコーヒーのカップテストのメリットは極めて実践的であることだ。この抽出のコントロールを極めるにも非常に重要な要素となる。

6つの要素を変化させたり、抽出器具を変えた時のカップテストを記録として残しておくことで、味のコントロールの傾向や自身の味覚の変化なども目で見えるようになる。

今回、この本で使用したシンプルな評価シート（左ページ）をコピーするなどして利用し、カップテストの記録を取り続けてほしい。コーヒーの世界に分け入り、味のコントロールを極めたいのなら、大きな財産となっていくはずだ。

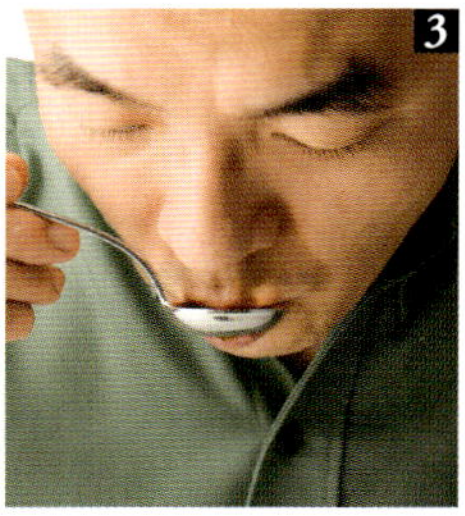

1 用意するもの／カップに注いだ淹れたてのコーヒー、テストスプーン、スプーンを洗うための水を入れたグラス、コーヒー液を吐いて捨てるためのカップ。

2 カップに注いだ入れたてのコーヒー液をテストスプーンですくい、水色を見る。その際、液体の状態も見て記録しておくとよい。

3 スプーンですくったコーヒー液を勢いよく啜り込む。この際、少し口を開き気味にし、空気をズズーッと吸い込んで霧状にし、においの分子を気化させて後鼻道で感知させる。

4 いくつかのカップテストをする際は、口に含んだコーヒーは吐き出し、スプーンはグラスの水でよくすすいで次のカップに移る。

豆の種類／　a 焙煎度／　b 粉のメッシュ／　c 粉の分量／　d 湯の温度／　e 抽出時間／　f 抽出量／

	1	2	3	4	5
フレーバー flavor	軽すぎる ほとんどない	弱い	中	弱い	強すぎる きつい
酸味 acidity			中		酸っぱい
ボディ・コク body			中		強すぎる
アフターテイスト／後味 aftertaste		すっきり	中	しっかり	口に残る
甘さ sweet			中		強すぎる きつい
苦味 bitter			中		苦すぎる

備考

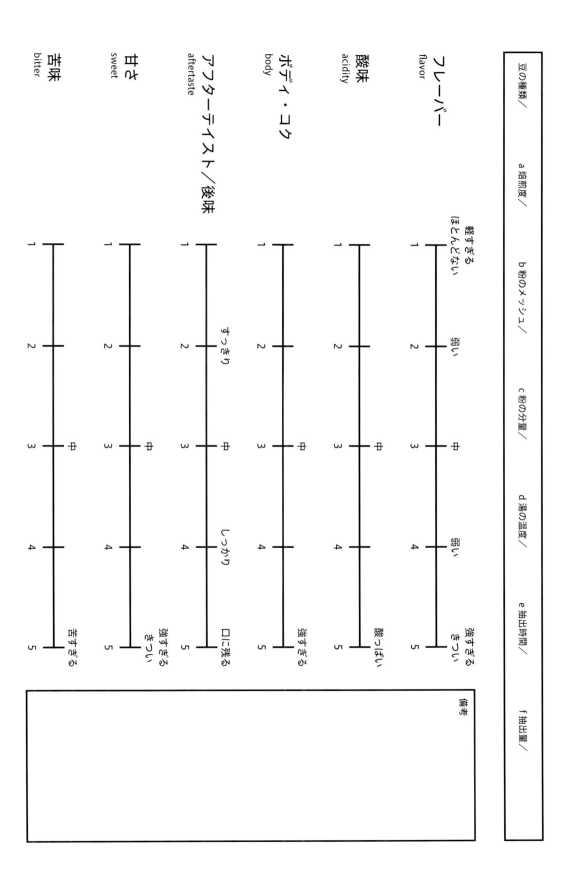

おわりに

この一冊を何度も読み返し、理解を深め、自分のものにすることができれば、
コーヒーの味を極めることもそう遠い話ではない。
それは、あなたがコーヒーの抽出の経験がなく、
一からはじめるとしても、である。

この本で紹介した法則は、実際に私やカフェ・バッハの大切なスタッフたちが、
条件を変え、何度も抽出を試み、
実際のテイスティングの記録の集積から導いた法則である。
もしこの本を手にして心躍る感覚を感じるのであれば、
私たちと同じように、何度も何度も条件を変え、
カップテストを繰り返しながら味のコントロールに挑戦してほしい。

コーヒーの抽出は写真を撮ることに似ている。
どんなにフォトジェニックな場所に出会おうとも、
どんなに美しい被写体を見つけようとも、
そこでどのようにフレーミングし、どのように光を捉え、
どこにピントを合わせるかは自分次第である。
自分の心が動く時こそ、人の心を動かすことができる写真が撮れる。
抽出する際も、どの味にフォーカスするか、どの味を引き出すかにより、
同じ焙煎豆でも全く異なるコーヒーに仕上がる。
その味を決めるのは自分次第である。

自分の心が躍るコーヒーこそが、飲む人の心を掴むのだ。
それを探す楽しみが、この本であなたに伝わることを願っている。

珈琲屋の大半は裏方仕事だ。
豆を仕入れ、豆を煎り、コーヒーを抽出する厨房を隅々まで清潔にキープし、
器具をていねいに取り扱ってベストな状態を保つことも欠かせない。
細やかな配慮は、幾重にも重なって
できあがりの味に大きな差となって表出するだろう。

店を出すのであれば、コーヒーの味だけでなく
店内のいたるところに同様の志が必要である。
コーヒーはそのものの味に加えて、味わう空間からも大きな影響を受ける。
そのことを忘れないでほしい。

私が目指した当初の目的は達成されただろうか。

「若く未来ある後継者たちにその法則を伝え、
より多くのお客様にコーヒーの素晴らしさを知っていただく」

コーヒーの未来のために。

田口 護

コーヒーメーカーのコーヒーはコーヒーか？

今から20年ほど前のことだ。大阪の日本経済新聞のある記者から電話があった。

「田口さんは、コーヒーメーカーでたてたコーヒーはコーヒーじゃないと思いますか？」

詳しく話を聞いてみると、この質問をした記者はこんな体験をしていた。

ある喫茶店で、「外回りから社に帰ってきて飲むコーヒーは本当においしい」と、喫茶店の店主に話したら、「そんなコーヒーはコーヒーじゃない」といわれたという。全否定されたような気分になって、私のところに電話をかけてきたのである。

私はこう答えた。

「いいえ。全くそうは思いません。現に、今こうして電話をしている横にもコーヒーメーカーがありますよ。私自身、深夜の仕事ではコーヒーメーカーのコーヒーを飲んでいます」

「そうですか」

その記者は、電話の向こうで驚いたようなホッとしたような声を出した。

「お店に来るお客様も、自宅でコーヒーメーカーを利用している方こそ、定期的にコーヒー豆を購入してくださいます。バッハでは、そのお客様のコーヒーメーカーの型番をうかがって、その器具でバッハの味に近づけるにはどうすればよいかを調べてアドバイスしています。手軽にコーヒーを楽しめるのですから、コーヒーメーカーは素晴らしい道具ですよ」

私は迷うことなくそう答えていた。

私の目的は、コーヒーをおいしく楽しむことだ。それ以来、コーヒーメーカーでももう少し自分の好みの味にコントロールできるものがあるといいなと考えてきた。

オフィスなどで忙しい合間にホッと一息つくひと時には、ぜひ、おいしく手軽にコーヒーを楽しんでいただきたいと。

あれから20年。コーヒーのおいしさを追求し「自分だけの一杯に出会う」コーヒーメーカーがついに完成した。どこかのオフィスで外回りから帰った会社員の疲れをほぐし、家族と過ごす大切な時間のそばにいつもあることをイメージしながら、メーカーとの共同開発で完成させたのだ。

あの時の記者にお礼を言いたい。そしてぜひこのコーヒーメーカーでコーヒーを手軽に楽しんでほしいと心から思う。

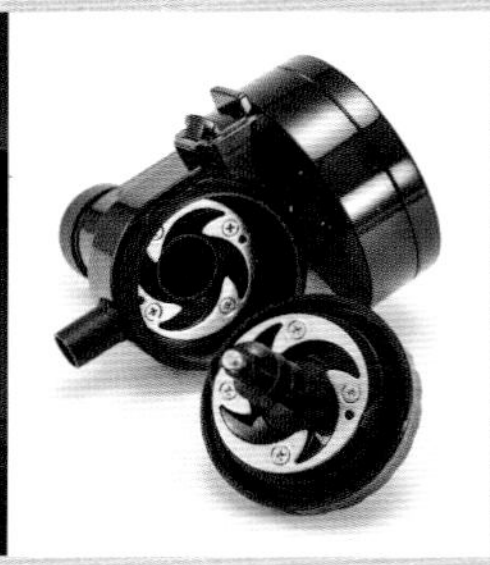

着脱式低速臼式フラットミル採用。手入れがしやすく粒度を揃えて挽くことが可能。湯温（90℃・83℃）、メッシュ（粗・中・細）を調整できる。抽出時、湯が6方向から断続的に注がれるシャワードリップで、コーヒー粉の層を壊さず抽出できる。
寸法：W160 × D335 × H360（mm）
重さ：約 4.1kg（製品本体のみ）
問い合わせ：ツインバード

田口 護

（たぐち・まもる）1938年、北海道・札幌市生まれ。1968年カフェ・バッハ開店。1974年に自家焙煎をスタート。同年、カフェ・バッハグループを主宰、多くの後輩を育成。1978年以来、度々コーヒー消費国、生産国を訪問。コーヒー生産国の数ヶ国でコーヒー農園を指導。また、バッハコーヒー主宰として数多くの後輩を指導。全国各地でバッハコーヒーの卒業生が活躍。SCAJ（日本スペシャルティコーヒー協会）では、トレーニング委員会委員長、会長を歴任。人材育成に尽力。『田口護のスペシャルティコーヒー大全』（NHK出版）、『カフェ・バッハ ペーパードリップの抽出技術』（旭屋出版）、『コーヒーおいしさの方程式』（NHK出版／共著）ほか著書多数。

山田康一

（やまだ・こういち）1978年、埼玉県生まれ。カフェ・バッハ総店長・工場長。日本に300人のSCAJ認定アドバンスド・コーヒーマイスター。1988年、辻調グループ・エコール辻東京卒。有限会社田口珈琲（カフェ・バッハ）入社。2003年より総店長。生産国、消費国視察多数。2005年、米カリフォルニア・ロングビーチでQグレーダー取得。2007年EAFCAエチオピアで審査員、2011年ベストオブパナマ審査員ほか、国内外で審査員経験多数。辻調グループ校講師、NHKカルチャーセンター講師も務める。

カフェ・バッハ

〒111-0021　東京都台東区日本堤1-23-9
tel　03-3875-2669
fax 03-3876-7588
営業時間／8：30～20：00
定休日／毎週金曜日

お問い合わせ先
カフェ・バッハ（ご注文）
cafe@bach-kaffee.co.jp
バッハコーヒー（セミナー・その他）
bkg@bach-kaffee.co.jp

取材協力一覧

株式会社カリタ
〒221-0021　神奈川県横浜市神奈川区子安通1-111-1
代表TEL 045-440-6444
ホームページ　https://www.kalita.co.jp

株式会社三洋産業
〒874-0921 大分県別府市富士見町7-2
代表TEL 0977-25-3464
ホームページ　http://sanyo-sangyo.co.jp

HARIO株式会社
〒103-0006 東京都中央区日本橋富沢町9-3
フリーダイヤル　0120-398-207
ホームページ　https://www.hario.com

メリタジャパン株式会社
〒136-0071 東京都江東区亀戸2-26-10 立花亀戸ビル6F
代表TEL 03-5836-2701
ホームページ　https://www.melitta.co.jp

石光商事株式会社

参考文献一覧

『コーヒーの科学「おいしさ」はどこで生まれるのか』
旦部幸博（講談社）

『珈琲の世界史』
旦部幸博（講談社）

『コーヒーおいしさの方程式』
田口 護＋旦部幸博（NHK出版）

『プロが教える こだわりの珈琲』
田口 護（NHK出版）

『田口 護の珈琲大全』
田口 護（NHK出版）

『田口 護のスペシャルティコーヒー大全』
田口 護（NHK出版）

『カフェ・バッハ ペーパードリップの抽出技術』
田口 護（旭屋出版）

『「カフェ・バッハ」のコーヒーとお菓子』
田口文子・田口 護（世界文化社）

『珈琲完全バイブル』
丸山健太郎（ナツメ社）

『コーヒー「こつ」の科学』
石脇智広（柴田書店）

取材・文　太田美由紀
撮影　田中 慶
　山田康一（生産国写真）
デザイン　佐藤芳孝
イラスト　森田秀昭
編集　太田美由紀、佐野朋弘（NHK出版）
図版提供　旦部幸博
校正　桂 操緒（ケイズオフィス）

科学監修／旦部幸博（たんべ・ゆきひろ）
1969年、長崎県生まれ。医学博士。
滋賀医科大学内講師。著書に
『コーヒー おいしさの方程式』（NHK出版／共著）、
『コーヒーの科学「おいしさ」はどこで生まれるのか』
（講談社）、
『珈琲の世界史』（講談社）などがある。

コーヒー抽出の法則

2019年2月20日　第1刷発行

著者　田口 護、山田康一

発行者　森永公紀
発行所　NHK出版
〒150-8081　東京都渋谷区宇田川町41-1
電話　0570-002-048（編集）
　0570-000-321（注文）
ホームページ　http://www.nhk-book.co.jp
振替　00110-1-49701
印刷・製本　廣済堂

Printed in Japan　ISBN 978-4-14-033300-6　C2077